父母是内向孩子最好的社交教练

杨铮 戈逸 ◎ 著

中国铁道出版社有限公司
CHINA RAILWAY PUBLISHING HOUSE CO., LTD.

图书在版编目(CIP)数据

父母是内向孩子最好的社交教练 / 杨铮, 戈逸著.
北京：中国铁道出版社有限公司, 2025.4. -- ISBN 978-7-113-32029-4

Ⅰ.G782

中国国家版本馆 CIP 数据核字第 2025JP3472 号

书　名：**父母是内向孩子最好的社交教练**
FUMU SHI NEIXIANG HAIZI ZUIHAO DE SHEJIAO JIAOLIAN

作　者：杨　铮　戈　逸

责任编辑：陈晓钟　　　　　　　电话：(010)51873036
封面设计：宿　萌
责任校对：安海燕
责任印制：赵星辰

出版发行：中国铁道出版社有限公司(100054,北京市西城区右安门西街 8 号)
网　　址：https://www.tdpress.com
印　　刷：天津嘉恒印务有限公司
版　　次：2025 年 4 月第 1 版　2025 年 4 月第 1 次印刷
开　　本：880 mm×1 230 mm　1/32　印张：7.75　字数：135 千
书　　号：ISBN 978-7-113-32029-4
定　　价：58.00 元

版权所有　侵权必究

凡购买铁道版图书,如有印制质量问题,请与本社读者服务部联系调换。电话:(010)51873174
打击盗版举报电话:(010)63549461

序　言

这是一本写给家长的书,更具体来说,是写给三岁至十八岁内向孩子的家长的书。

"孩子太内向,不会主动和其他小朋友玩,未来会不会没有朋友啊?"

"孩子容易紧张,也不会去积极争取和竞争,这样以后会变成'小透明'吧?"

"孩子见到陌生人都不敢说话,以后怎么适应社会呢?"

"孩子太软弱,别人抢他的东西他也不敢反抗,这样以后容易被欺负吧?"

……

如果你有一个内向的孩子,那么你大概也会有这些烦恼吧!

本书作者都属于内向人群,深知内向会在成长和社会生活中给自己带来诸多烦恼。同时,我们其中一个已组建家庭,并育有一个内向的孩子——一个在上幼儿园的女孩;而另一个则在中学担任心理老师,在执教过程中也见过无数内向学生。我们完全可以理解父母多么期望孩子能更活泼开朗,拥有更高的情商、更多朋友;可以感受到内向孩子在社交时面临的重重阻碍。而身为有专业心理学教育背景的我们,也深知内向是复杂而难以改变的性格,它需要专业的知识、方法,加上不断的训练,并辅以十足的耐心。这样,内向性格将不会成为孩子成长发展,尤其是社交发展的障碍。

其实以上就是我们写这本书的初衷,我们期望可以通过这本书,介绍专业的理论知识和实操性强的方法,帮助内向孩子的父母引导孩子学会社交、享受友谊,从而获得更加幸福、快乐的人生。

一般来讲,三岁孩子刚开始社会化,十八岁则是孩子度过青春期、以更加独立的身份参与到社会中的开始。从幼儿园到高中毕业,中间的这十几年是家长能够帮助孩子成长的时间。

如果你家恰好有一个三岁至十八岁的内向孩子,那么这本书将给你提供巨大的帮助。看完本书,你将有以下收获:

- 了解内向是如何产生的,为什么内向者会有内向的行为。

- 了解如何帮助内向孩子形成正确的理念和认知,让他们在社交这件事情上更加自信。帮助孩子获得科学的社交观和社交技巧,进而能够更好地应对社交、享受社交。

- 心理学理论之外,本书更注重实践性,我们会通过大量的案例、实用的技巧和练习,帮助父母一步步引导孩子学会社交,健康成长。

父母要有怎样的教育观念

如何教育内向孩子,是一个心理学问题,更是一个教育学问题,父母首先需要摆正自己的教育观念。

现在很多父母常说:"我并不期待孩子成功或大富大贵,这样压力太大,我只希望他成为一个幸福快乐的人。"我对于女儿的教育也有同样的想法,具体来说,我希望自己孩子的未来是这样的:

- 她是个快乐的人。她的快乐不是因为生活中没有让她烦恼的事情,而是她可以乐观、积极地应对生活中的烦恼。

- 她会遇到困难、挫折,但是她不会急躁、畏惧,而是坚持想办法解决问题。

- 她是个善良的人,真诚对待自己的亲人和朋友。她的真诚和其他优良品质可以帮她赢得几个知心朋友,同时她的情商可以让她在社交场合从容不迫。

但是，我的女儿看起来和这个目标还有不少差距——她害怕陌生人，不想交朋友，在陌生场合表现很拘谨，很难融入一群玩闹的孩子中。当然，她还小，自己并不觉得这是什么问题，也没有意识主动走出自己的"舒适区"。但作为父母，我们难免会为她担心。

这世界上没有完美的孩子，孩子身上总有一些特质是父母想要改变的。遇到这种情况该怎么办呢？作为父母，我们经常走向两个极端。前几年一部曾经引起不小争论的电视剧《虎妈猫爸》就描述了这两个极端——一个是对孩子过度严格要求，强迫孩子按照自己认为正确的方式成长；另一个则是采取"无为而治"的策略，让孩子按照自己的天性成长，虽然不干涉，但也不提供必要的帮助。显然，这两种处理方式都是有问题的。

科学的教育方式应该是这样的：不应该去强势改变孩子，因为人的很多特质是无法改变的，违反孩子天性的强制改变，只会带来抵抗和扭曲；也不能放任孩子不管，尤其在成长的关键时期，父母的教育、引导、支持会给孩子带来极大的帮助，甚至改变孩子的一生，我们有责任在孩子需要的时候帮助他们变得更好。

然而，父母需要做的，并不是直截了当地告诉孩子一些大道理，要知道，作为成年人，我们尚且"听过很多道理，依然过不好这一生"。我们需要做的，是激发孩子的兴趣或内动力，在此基础上帮助孩子获得解决问题、持续成长的能力。这种教育方式要求父母必须有足够的智慧，不仅可以理解孩子，而且拥有引导孩子解决问题、提升能力的方法。

对于这一点，鲁迅说得更加深刻，他鼓励父母做孩子的解放者："子女是即我非我的人，但既已分立，也便是人类中的人。因为即我，所以更应该尽教育的义务，交给他们自立的能力；因为非我，所以也应同时解放，全部为他们自己所有，成一个独立的人。"

父母如何帮助内向孩子

接下来，再来谈谈内向的问题。

首先，内向是一种常见的性格，在人群中的占比很高，即使在"全世界最外向的国家"美国，据统计也有33%到50%的人是内向的。如果你家孩子有些内向，完全不必过于焦虑，这是很正常的。

其次，内向并不是什么缺陷，它只是性格的一个方面。虽说内向会给我们带来一些麻烦或者障碍，但是我们有办法让内向的人获得快乐和成功，这样的例子比比皆是。

但是，如果你家孩子在社交中遇到的困难已经超过了正常内向的范畴，例如出现严重的焦虑，并伴有抗拒行为，有易怒情绪，或者因为超乎寻常的"顽皮"、冲动而无法被其他人接受，那就有必要寻求更专业的心理学诊断和治疗了，这不是丢人的事情，讳疾忌医才会让事情更加糟糕。当然，这种情况在人群中的比例非常低，也不用因为孩子的一些内向表现而过度担忧。

> **小课堂**
>
> ### 关于内向
>
> - 内向是人格的一部分。
>
> - 人格具有相对稳定性，我们不要认为自己可以轻易改变一个人的人格；同时人格也会受到后天教育和环境的影响，所以也不是完全无法改变。
>
> - 心理学家常用问卷(量表)来测试人格，一般会通过几百道题目，给一个人人格的不同方面打分，就像我们考试会得到语文、数学、英语等多个科目的分数一样。
>
> - 内向和外向并不是绝对的，大部分人集中在中间区域，既不怎么内向，也不怎么外向，非常内向或非常外向的，只是极少数人。
>
> - 内向来自基因，同时也受后天经历、环境的影响。父母内向容易导致孩子内向，一方面是因为遗传，另一方面也跟内向成长环境下孩子对父母的模仿有关。

序 言

说回内向孩子的教育问题,当父母面对内向孩子时,会经常出现一些有问题的教育方式:

- 头痛医头,脚痛医脚:如果只是解决或关注表面的问题或现象,那便无法从根本上解决问题,究其根本,是因为对于事情的本质并没有完全理解。例如孩子不与陌生人交流,就认为孩子是见陌生人见得少了,只要强迫他去陌生环境多待着就好了,这样做确实孩子可能不那么害怕陌生人和陌生环境了,但因为缺少动机和技巧,他们还是很难从社交中达到目的或获得快乐。

- 尝试改变不可改变的东西:这会导致徒劳无功,甚至造成挫败感,引起负面结果。例如觉得自己的孩子绝对不能内向,一定要变成一个活泼开朗的人,所以尝试各种办法去"改造"孩子。这样做孩子不仅真正开朗不起来,还可能会形成一种错误的认知,认为内向是一个错误、一种缺陷,进而产生很低的自信、自尊。

本书倡导的针对内向孩子的教育方式是:

首先,了解自己孩子的特点并理解他们。要知道,即使同是内向者,他们之间也是不同的,有个体差异。帮助孩子的前提是了解孩子最真实的情绪、想法、认知。

其次,帮助孩子建立正确的认知,努力让孩子改变对于社交活动、陌生人、朋友、高压社交任务的认知偏见，逐步变得更加自信、喜欢社交。

第三，教会孩子一些具体的社交技巧，让他们在各种常见的社交情境中学会识别朋友、结交朋友、加深友谊。

最后，每个人都会在成长中遇到许多棘手的社交问题，我们需要教会孩子应对这些难度较大的社交任务。

本书将围绕上面四点一一展开，让我们从了解孩子开始，进而从认知、技巧、难题处理等各个方面对内向孩子进行全方位的引导和提升，让他们也可以自信社交，并从社交中获得快乐。

沟通方式很重要

除了教育方式之外，沟通方式也很有必要单独强调，因为沟通是帮助的前提。如果孩子不愿意和我们分享自己的生活和困扰，以及真实的想法，我们又怎么去帮助他们呢？如何与孩子沟通，才能让孩子愿意沟通，是每个家长都需要好好学习的。在与孩子沟通时，我们需要注意以下几点：

- 尊重孩子的交流意愿，只在他愿意交流的时候交流。引导孩子说出问题，而不是逼问孩子。有些时候，可能孩子真的需要自己独处才能消化自己的情绪并进一步打开思维。家长只需要让孩子知道，当他们想要倾诉的时候，可以随时来找我们。

- 不要指责、急躁,不要将沟通当作自己发泄情绪的机会。很多家长急切地想看到结果,如果教育孩子之后没有立刻看到效果就会急躁、发脾气,就像辅导作业时一样。其实,引导、辅助孩子成长是一个非常漫长的过程。我们可以思考一下,如果想让我们改变自己的习惯、学会一项新的技能、接受一个新的观点,是否也需要很长时间?作为大人我们尚且无法快速成长,那为什么还要求孩子在听了几句话的教育后就"恍然大悟""痛改前非"呢?

- 不直接给出解决问题的方法,而是倾听、询问、引导。过早给出自己的建议和方案,会让孩子失去独立性,没有办法成长为有主见的人,失去锻炼思考能力的机会。另外,你给的方案可能根本没有结合具体的情况,没有可实施性。

- 不要急于给出结论、评判,多询问开放性的问题,例如孩子的感受、想法,而不是在孩子还没有充分说明的情况下,直接给出自己的看法或对孩子的做法进行评价,这样会让孩子不愿意交流。

- 用自己的话对孩子的话进行"解码",然后询问感受、情绪等更深入的信息。这样一方面可以确认自己的理解是否正确,另一方面也可以让孩子感受到你在认真听和思考。

- 鼓励孩子尽量多地说出自己能想到的解决问题的方法,

同时不要对孩子的想法进行评论,无论这个想法多么幼稚。例如"嗯,这个想法不错,还有其他想法吗?""你注意到了这一点很好,除了这一点,我们还需要考虑哪些方面?"当孩子想到了多种不同方法,兼顾到了问题的多个方面时,我们再和他一起来分析不同方法的优劣,在此基础上做出最优选择。

- 不要将内向本身描述成一个需要解决的问题,更不能贬低孩子,不要让孩子因为自己的性格而自卑。作为家长,我们不仅要自己看到孩子的优点、潜力、进步,而且要用具体的鼓励让孩子也看到自己好的一面,让孩子形成一个很好的"自我印象",这样才有助于他更好地面对挑战,更开放地与人交流。

- 注意沟通时问题的归因,不要将孩子的行为、想法归结为固定的特质,任何事物都在发展变化,对孩子持固有想法既对孩子不公平,也会让孩子对改变失去信心。例如孩子说最近和好朋友闹矛盾了,对此我们可以试着从外部的、暂时的、可改变的方向去解释和引导——可能好朋友最近心情不好(外部的),每段关系都有好的时候和闹矛盾的时候(暂时的),你可以主动关心他,主动找他玩,一切会好起来的(可改变的)。

- 不要过度强调、施加压力,内向者比较倾向于过度思考,寻找自己身上的问题,过度强调会给他更多的压力。很多父母喜欢把自己的担忧、顾虑、主观判断不经思考、加工地直接说出来，就是俗称的"唠叨""碎嘴"，他们担心孩子的内向问题，就会在孩子面前说"你不能这么内向，这样未来会没有朋友的""你要更外向一些才行，没人喜欢内向的人"。这样做有害无益，只会让孩子倍感压力、降低自信。

这些注意事项和技巧看起来简单，但做起来却很难，我们在后面内容中也会反复提到这些内容，因为它们真的非常重要。

沟通是帮助的前提，倾听则是沟通的基础。沟通可以让孩子的情绪得到宣泄，让他感受到自己是被理解和支持的，这样孩子才更加愿意和你沟通，进而与你建立更加深厚的感情。很多人知道倾听的重要性，但在实际生活中却不知道如何做一个好的听众。其实倾听并非"耐心听着""不要打断"这么简单，这里有一些相关技巧可以学习一下：

- 主动倾听：全身心地关注孩子的讲话，避免分心或打断，例如不能在孩子认真倾诉时玩手机，我们都知道这是一种不尊重他人的行为，同时孩子也会感受到自己被轻视。为了表示你的投入，可以通过表情、动作（点头）和适当的眼神接触与孩子进行交流。
- 重复与总结：适时复述孩子的话，确保理解准确，并且可以加上你的鼓励和评价，在表达支持的同时，引导孩子进行更多的倾诉。

- 尊重孩子的表达节奏：尊重孩子的表达节奏，不强迫他们迅速回应或表达，给予他们足够的时间和空间，以自然的方式进行交流，这对于内向的孩子尤其重要。除了不要催促外，家长也不要急躁地接话。

好的父母，需要的是认知、知识与耐心

最后，需要说明的是，不要指望看完一本书或者参加完一个培训，就可以神奇地快速解决所有烦恼。陪伴孩子成长是一个漫长的过程，也是父母发现自己和提升自己的过程。希望家长们可以更加耐心，采用更加科学、理性的方式，引导孩子们成为更好的人，享受更好的生活。希望这本书是一个好的开始。

在陪伴孩子的过程中，请记住下面这些关键词：

- 耐心：我们的目标是让孩子成长为更好的、更能感受幸福的人，而成长是循序渐进的过程，会遇到很多阻碍和挫败，这就需要我们有非常多的耐心，如果我们急躁了，会让孩子没有安全感。

- 科学、理性：要相信心理学是一门科学，它描述的是普遍的规律，就像医学一样，要尊重规律，并在规律中找到可以改善生活的方法，而不是根据自己的偏见或者直觉去行事，否则就会像病急乱投医一样不仅难以解决问题，反而可能适得其反。

- 引导：内向并不是一种缺陷，它只是孩子天性中的一个特点，我们并不需要改变孩子的天性，我们需要做的是引导他们成为更好的人，让他们拥有合理的认知，掌握有效的技巧，从而在社交中获得快乐和友谊。

如果你认同上面说的这些观点，你就已经具备了更科学地解决孩子内向问题的基础。那么，我们正式开始吧！

作　者

2025 年 1 月

目 录

第一章 人人都在寻求联结,你的孩子在哪一个"频道" …… 001

第一节 一个案例——"非典型"手机少年 …… 002

第二节 社交的价值 …… 004

第三节 内向孩子渴望高质量的人际关系,更需要深度的联结 …… 008

第四节 如何判断孩子是否内向 …… 011

第五节 内向的个性从何而来 …… 015

第六节 内向孩子"不善社交"? 不一定 …… 018

第七节 正确的认知是从容社交的基础
——ABC 理论 …… 021

第二章 学社交，先从正确鼓励孩子开始——如何一步步提升自我效能感 ………… 031

第一节 对孩子来说，社交是一项浩大的工程 ……… 032

第二节 你还在进行无效鼓励吗？提升"自我效能感"才是关键 ………………………… 035

第三节 三步帮孩子收获社交自我效能感 ………… 040

第四节 避免软弱的心态，才能维护和争取自己的利益 ……………………………………… 046

第三章 请善待"扭扭捏捏"的孩子——先接纳，再改变 …… 053

第一节 什么是社交焦虑 ……………………… 054

第二节 如何应对焦虑及其带来的生理反应 ……… 058

第三节 内向的孩子更加敏感，可以引导他"糊涂"一些 ………………………………………… 064

第四节 内向的孩子更加谦逊，可以引导他对自己"公平"一些 ……………………………… 075

第五节 内向的孩子更加谨慎，可以陪他一起去冒险寻找"安全友谊岛" ………………… 082

第六节 如果孩子对社交缺少兴趣，怎么办 ……… 084

第七节 线上社交，也是一个不错的选择 ……… 089

目 录

第四章 知心朋友在哪里——帮助孩子找到自己的择友标准 ········ 095

第一节 坚持自己的择友标准不等于"挑剔"或"矫情",它是高质量友谊的保障 ········ 096

第二节 如何帮孩子确定适合自己的择友标准 ········ 100

第三节 和外向的孩子做朋友,优化自己的社交技巧 ········ 107

第五章 破冰,如何面对"陌生" ········ 111

第一节 如何破解与陌生人交流或融入陌生环境的紧张感 ········ 112

第二节 如何提升社交技巧 ········ 117

第三节 如何融入新的团体 ········ 123

第六章 如何安静地实现"合群" ········ 129

第一节 不要害怕"一个人",莫把"过程"当"结果" ········ 130

第二节 关注他人处境,帮助和自己相似的同学 ········ 132

第三节 主动认同,确信自己是这个集体不可缺少的一员 ········ 134

第七章 压不住的坚韧——如何引导孩子应对高压力的社交场合 ············ 137

第一节 常见的高压力社交场合 ············ 138

第二节 内向孩子在高压力社交场合的表现 ············ 141

第三节 如何帮助孩子更好地应对高压力的社交场合 ············ 143

第四节 如何应对演讲、表演等场合 ············ 146

第八章 沉默还是爆发——如何引导孩子处理冲突 ············ 153

第一节 面对冲突,需要培养孩子平和但坚定的态度 ··· 154

第二节 如何面对校园霸凌 ············ 159

第三节 如何应对好朋友之间的矛盾 ············ 167

第四节 如何与老师相处 ············ 172

第五节 如何应对老师的误解 ············ 174

第九章 无声的冲突——孩子在群体中被孤立怎么办 ········ 177

第一节 及时了解孩子的社交状态 ············ 178

第二节 被孤立并不可怕,做一个值得交往的人就不怕没有朋友 ············ 180

第十章　从点头之交到真正的朋友，如何加深已有的联结…… 187

第一节　对内向的孩子，获得挚友比扩大交友圈更重要………… 188

第二节　"深交"小技巧之"有来有往"——增加互动频率………… 193

第三节　"深交"小技巧之"魅力缤纷"——相互展示生活的更多方面………… 197

第四节　"深交"小技巧之"万事有趣"——让对话变得有趣………… 203

第十一章　群居不倚，独处不惧——内向的孩子如何建立宁静、自信、快乐的人生………… 207

第一节　写作………… 208

第二节　珍贵的"心流"：请允许你的内向型孩子在宁静独处中体验幸福………… 211

第三节　给孩子敢于做自己的勇气………… 217

第四节　打造高质量的沉浸………… 220

结语………… 224

第一章

人人都在寻求联结,你的孩子在哪一个"频道"

第一节　一个案例——"非典型"手机少年

在一次公益心理咨询活动中,一对父子坐在了我的对面。父亲四十来岁,男孩约莫是初中生的样子,看起来机灵可爱。通常参加这样活动的家庭,总有自己的缘由。

我们的对话是从一个很常见的话题开始的。

"除了学习,他总是玩手机,我觉得他对手机已经成瘾了,要怎么帮他戒掉才好呢……哎,别玩了!快和老师打招呼!"父亲一边担忧地说着,一边嗔怪自己的孩子,少年则安静地坐着。显然,这次咨询不是他自己愿意来的。

我试着招呼少年:"同学,对爸爸刚才说的话,你有什么想法吗?"

孩子放下手机,有些羞涩地笑了笑。他眼中并没有那种常见的网瘾问题少年的冷漠或愤怒,但小小年纪的他却看起来有些无奈。

孩子叹了口气说:"爸爸说我总玩手机,可是没办法呀,除了学习、玩手机,我没有别的事可做。"

我:"你有没有其他兴趣爱好?比如画画什么的?"

少年:"画画呀,我每周都学,在学校也画,但也不能一天到晚画画吧。"

我:"那你和朋友玩吗?"

少年:"玩啊,我们一起打王者,然后在QQ聊天上续火。"

我:"有没有线下的游戏呢?比如桌游什么的。"

少年:"哎,我也想玩那些,组了好几次了,都组不起来。我的好朋友在别的区,我要找他们玩也得我爸有空开车送我呀,况且他们周末也得补课,没时间。"

说到这里,我大致已经明白是怎么回事了,但还是忍不住又问了一句:"那……小区里呢?有没有可以一起玩的朋友?"

少年:"小区里的孩子都比我小,不在一个年龄段,玩不来的。"

这时候,我看看孩子的父亲,没有说话,当然也不必多说,听完这段对话,大家已经明白了问题所在。孩子的问题并不在手机,而在于他该去哪里交朋友,又该去哪里寻找与朋友相处的时间与空间?

这也是现在许多孩子面临的真正问题。

第二节 社交的价值

大家都知道,人是社会性动物,社交本能深深地烙印在我们的基因中,它是在数百万年的进化中,人类面对恶劣的自然环境和激烈的物种间竞争,从自然界中的边缘物种发展成为地球上最强势的物种形成的最重要的竞争优势之一。社交让人类族群可以更加紧密地协作,相比个体来说,大大增强了存活和繁衍的概率,可以说,现存人类有着天生的"社交基因"。

社交的需求又有很多种,归属感、被爱、利他等,这些都是镌刻在人类基因中的天性,对每个人都有巨大的实际价值。

首先,社交是心理健康的基础。

根据马斯洛需求层次理论,人的需求从下至上分为生理需求、安全需求、爱与归属、尊重需求、自我实现五个层次。在满足了下层的需求后,人们便会追求更高一层的需求,如果需求得不到满足,则可能会产生各种心理问题。根据这个理论,当人类满足了最基础的生理和安全需求之后,接下来的两个需求层级即"爱与归属""尊重需求",它们都和社交紧密关联。社交存在问题的群体,产生心理问题的比例远高于社交正常的群体。

其次,社交可以给人带来幸福感。

相比财富,社交可以给人带来更加持久和深刻的幸福感。财富给人的幸福感,在人的经济条件相对匮乏时是比较明显的,但是当人拥有的财富增加到中产水平后,它给人带来的幸福感可能就没那么多了。

以日本为例,在1958年至1987年期间,日本人的实际收入增长了5倍,收入增长带来了更好的物质条件,例如更高的汽车保有量、更大的人均居住面积,人们有更多的钱可以用于娱乐消费、国际旅游,但研究发现,日本人的幸福水平在这30年间却没有明显的变化。由此可见,经济繁荣、收入增长、物质充盈,这些外在条件可能真无法给人带来持续的幸福感。这个结论恐怕会对很多人的观念产生冲击。我们幻想着"如果财富自由了,一定会非常幸福",而不幸的是,人类天生的"适应性",让我们很快会对辛苦追求而来的财富和物质享受"习以为常"。这在心理学中被称为"享乐跑步机",我们奋力追求以为可以让自身快乐的财富,最终却像在跑步机上跑步一样原地不动,这一现象已经被很多研究反复证明。

然而不必沮丧，人类是可以获得持续幸福感的。哈佛大学的罗伯特·沃尔丁格教授曾在 TED 上介绍过一个非常难得的纵向实验（持续时间很长的心理学研究），哈佛大学历经 75 年，跟踪研究 742 名被试者的工作、家庭生活、健康情况等，其中最明显的一个研究结论是，良好的社交关系能让人更加幸福和健康，比名利更加有效，也就是说，有更多关系深入的亲人、朋友的人，幸福感会更强。

家长都希望孩子一生幸福、无忧，可我们花了太多的时间和精力用于孩子未来赚钱的能力上，却没有多少人关注真正能带来持续幸福感的能力——社交能力。

最后，也是最显而易见的，社交可以给我们带来很多现实中的便利和收益。

从功利的角度来说，对于孩子，无论是学校，还是将来的社会，竞争都是非常激烈的。会展示自己，能和别人快速建立关系，这样的人显然更容易被注意和获得成功。我们都知道，人的成功除了自身能力以外，往往也需要他人帮助，有着优秀社交能力的人，获得他人赏识和帮助的机会显然会更多。

社交如此重要，但是获得高质量的社交却不是一件容易的事情。

一方面，社会快速发展带来了过高的竞争压力，不论在学校还是社会上，学习和工作都占用了我们大量的时间和精力，让人"无暇社交"。

另一方面，城市化让人们的迁徙更加频繁，和亲人、朋友的居住空间也更加分散，不像原本安土重迁的社会，周围都是熟人。现代社会我们似乎只会阶段性地交朋友，同学会随着升学而分散，同事会因为"跳槽"而疏远，城市太大了，即使在同一个城市的朋友，可能一年也见不了几次面。

网络的兴起在给我们带来社交上的便利的同时，也带来了负面影响。我们随时可以给朋友微信、电话，这种好像保持联系的感觉，减少了见面的动机和机会，让很多友谊变成了朋友圈的"点赞之交"，这种方式远远无法达到当面交流的情感联结深度。

第三节　内向孩子渴望高质量的人际关系，更需要深度的联结

内向并不意味着不需要社交，内向的人也会渴望有亲密的友情，不过他们对于友谊的需求和外向者有一定的差异。

内向者往往不喜欢变化，所以对于他们来说，朋友质量的重要性要高于数量，他们宁愿只有几个可以深交的朋友，也不想整日被普通朋友围绕。更多的朋友带来的新鲜感，对于内向者来说并不是很有吸引力。内向者更加专注，所以更珍惜和朋友深入的交流，他们希望对自己的朋友有更加深入的了解，并与其产生情感共鸣，而不只是浮于表面的交流。

案　例

"我其实是一个很麻烦的人，经常会散布一些负能量，还很敏感，想得很多。如果不愿意花时间来了解我的话，最好就不要做朋友了……"

这是高中女生思文给好友陌陌在 QQ 上发送的一段留言。

而我之所以会看到这段相当私密的话,是因为思文在家突然情绪崩溃地大哭,把父母吓得不知所措。不论怎么询问,孩子都不愿意说究竟遇到了什么事,于是只得求助班主任,班主任知道后,便推荐思文来心理咨询室找我聊一聊。

在建立了基本的信任后,思文向我出示了这段记录,而我也瞬间明白了她情绪崩溃的原因:朋友陌陌在她的这段话后面回复了一句"我其实也没有那么想深入了解……那要不先不做朋友了",然后她俩的对话就戛然而止了。

我说:"当你发出这段话时,你一定很期待她说'没事,不麻烦,我愿意花时间来了解你,也愿意包容你的敏感和负能量',对吧?"

看思文又一次潸然泪下,显然是被说中了心事。我默默地给她递了张纸巾,让她缓了缓,然后邀请她以"友谊给自己的感受"为题,自由地画一幅画。

思文画得很快,寥寥几笔,纸面上便呈现出一幅忧伤的情境:几个路人行走在路上,画面中心却是一个姑娘在淋雨。她还不失俏皮地在画面边上题写了一句流行语:"热闹都是别人的。"显然,这个姑娘心中有着强烈的孤独感,内心渴望与他人建立友谊。

随着咨询的深入,思文渐渐厘清了自己对朋友的期待:她不愿意满足于一般的说说笑笑的朋友,她想要善解人意,并能陪伴、理解和支持自己的朋友。之所以故意把自己说得"暗黑"和"麻烦",是因为她习惯采用"考验"友谊的方式,却不料这种方式给同样十几岁的伙伴带来过多的压力,反而把朋友给推开了。

思文对朋友的期待很高,但这种高期待本身并不是一种"错误"。她需要重新思考的是,怎样才能正面表达自己的需要,怎样降低被拒绝的风险,怎样让朋友更愿意接纳和理解自己。

第四节　如何判断孩子是否内向

试着快速判断一下,下面三个人,哪一个属于内向性格?

- A先生,沉默寡语,很少与人交谈。
- B女士,有些"话痨",很喜欢和他人分享自己过去的故事。
- C先生,一个温和安静的人,善于倾听别人的故事,有时也会分享自己的经历给他人。

怎样,你心中有答案了吗?其实这个小测试如果有正确答案,那应该是"无法判断"。是不是和大家的直觉不一样?事实上,仅凭上面这一点信息,是无法判断一个人内外向的。例如,A先生的沉默可能来自内向性格,也可能是因为对当前所处的环境有些顾虑和紧张;B女士的喋喋不休,可能是因为生性健谈,也可能是因为有些放不下的情结;仅凭"温和安静"也无法断定C先生内向。专业的心理工作者不会仅凭臆测就给人下结论。

你愿意拿起这本书,说明你的孩子有一些表现让你觉得有些内向。先不用着急下结论,我们来看一下究竟什么是内向,如何判断孩子是否内向。

在生活中,常常认为有以下情况的人是内向的:

- 社交中的主要表现为腼腆、害羞、"社恐"、怯懦、文静、局促、沉默、不合群。
- 做事情时专注、被动、慢性子、谨慎。
- 面对压力或挑战时退缩、胆小、顾虑、犹豫、紧张。
- 情绪反应冷淡、温和、忧郁、沉闷。

我们经常把有以上表现的人评价为内向,但实际上并不那么严谨和科学。虽然这些词汇和内向相关,但是符合这里部分描述的人也不一定就是个内向的人,因为这些词汇过于表面,都只是行为表现而已。

下面我们描述一些内向者更深层的特征,你可以对自己孩子的表现做一个评估,如果其中大部分的描述和孩子的情况相符,那么说明他确实是一个比较内向的人。

再次强调:内向、外向并非绝对二分的性格特征,而是像所有性格特征一样,在人群中呈现出连续的分布状态。这意味着每个人身上同时会有内向和外向的部分,只是对于所谓的"内向者"来说,其内向特征多于外向特征而已。没有绝对的内向,每个内向者的"内向程度"是不同的。

典型内向者的特征包括：

- 喜欢独处：内向者往往需要比其他人更长的独处时间，经常需要"一个人安静一下"。这是因为内向者和外向者的精力恢复方式不同，内向者通过安静的独处恢复精力，社交对他们来说是耗费精力的，而外向者则可以通过社交来保持自身良好的状态。外向的孩子可能总是想往外面跑，找小伙伴玩，而内向的孩子却能一个人在家里待很长时间。

- 喜欢内省：内向者更喜欢思考，尤其是以自己为对象的思考，他们会经常"沉浸在自己的世界中"。内向者更喜欢回顾自己的表现，反思自己的问题，对自己的思维、个性更有好奇心。这个特点能使内向者更加理性和谨慎，但是也会导致他们经常陷入后悔、内疚、自责等负面情绪中。内向的孩子在成绩不理想、受到挫折或被训斥后，可能会纠结很长时间，而外向的孩子可以很快忘掉。

- 高敏感：生理上，内向者的神经系统天生唤醒程度较高，因此对外部刺激更加敏感，他们倾向于抑制过多的外部刺激，所以喜欢单纯、安静、集中精力，而不喜欢热闹、嘈杂、复杂的环境。相比热闹的大型聚会，内向者更喜欢小范围的深入交流。外向的孩子会在热闹的场合中表现得手舞足蹈、如鱼得水，而内向的孩子往往手足无措,过多的刺激会让他们的神经系统有所不适。

- 社交意愿不强烈:有些内向者天生对社交的需求较低,因此他们对于社交表现得不那么积极,但这只是一种行为倾向或选择,并不意味着他们社交技能低或害怕社交。他们之所以有这样的表现,仅仅是因为难以从社交中获得快感、没有社交意愿而已。外向的孩子会结交很多朋友,并且需要和朋友频繁互动;而内向的孩子虽然朋友较少,却不一定感到孤独。

- 冲动性低:相比外向者,内向者会有更多的思考、内省,这在一定程度上会抑制他们的行为和表达,因而他们会表现得更加谨慎,较少出现冲动型行为;外向孩子则更容易表现出激烈的情绪和行为。例如在父母不给自己买某个东西时,外向孩子可能会大喊大叫、撒泼打滚,而内向孩子的情绪和行为往往比较温和,他们在父母拒绝自己的时候只会闷闷不乐、暗自伤心。

第五节　内向的个性从何而来

案　例

跃跃从出生起就自带一种"社牛"气场。小时候,爸爸妈妈的亲朋好友、同事都非常喜欢他,因为他一点也不怕生。陌生叔叔阿姨抱他,甚至亲他,跃跃都欣然接受,有时还会回馈一个甜甜的微笑,一手抓住对方衣襟,一手和人家来个击掌庆祝。不论到哪里,他都像一个小小的明星,给大人们带来一阵阵欢笑。

可是比他小两岁的妹妹西西却是完全不同的类型。西西自小怕生,除了父母之外,哪怕是很熟悉的亲戚,别说抱,连打个招呼都能让西西紧张得哭起来,不论怎么安抚都无效。

爸爸妈妈有些无奈,也有些为西西担心,他们有很多困惑:

明明是亲兄妹,话都还说不利索,怎么就已经一个"社恐",一个"社牛"了呢?难道性格内向是天生的吗?

未来的成长道路上,西西会不会因为这种天生的个性而吃亏呢?

未来对两个孩子的教育,是应该顺其自然,还是要引导他们去改变适应外界环境呢?

内向是一种人格特征,部分来自遗传,部分来自后天影响。

遗传影响下的先天生理基础:双胞胎研究表明,内外向性有39%到58%受到基因的影响,也就是说,一个人是内向还是外向,有相当大的部分是出生就注定的。内外向性之所以受到遗传的影响,是因为一些生理因素,例如神经递质分泌的差异,脑区活跃度的差异,这些导致了人们对外部刺激的敏感性不同。关于敏感性,我们会在后面章节详细介绍。

后天的影响因素:除了遗传基因之外,后天的影响也占到一半左右,包括很多不同的因素,例如文化环境、家庭教育、个人经历等。

相比遗传因素,我们更应该关注后天因素对人性格形成的影响,因为它是可以改变的。

家庭教育、学校教育等外在环境对人的性格会产生潜移默化的影响。教育除了传授知识之外,还会传授价值观、行为规范,树立一个人心目中的理想形象。家长是否要求孩子更加外向,学校是否奖励孩子的外向行为,这些都会影响孩子对自己行为的选择。我们周边大部分的学校教育显然是偏向于奖励内向者的——要遵守纪律，少关心学习以外的事情，不要调皮，学习好而且内向的孩子往往更容易受到老师的喜欢。这种环境中成长的孩子显然会更加内向一些。

除此之外，观察学习对于人的性格形成也有很重要的影响，我们最亲近的人会给我们树立一个"正常人的范本"。假如父母、亲戚都是非常外向的人，那么孩子即使有些内向，也会从父母身上看到差异，认为父母这样外向才是"正常的"，进而进行模仿，久而久之孩子很难成长为一个内向的人。

前面说到各种外部环境对人的影响，人的内部因素——对自己的认知和评价，也会影响内外向性。社交自我效能感是指一个人对于自己获得和维持良好社交关系的能力的自我认知，社交自我效能感高的人，会在社交中表现得更加自信、积极，面对较难完成的社交任务或在社交中遭受挫折时会更有韧性。关于社交自我效能感，我们会在后面章节做更加详细的说明。

最后，人生是由很多事件甚至意外组成的，一些关键事件也会对人的内外向性产生影响。我们经常听到这样的说法"我原来很内向，后来因为某某事情，逐渐变得外向了"，这种改变可能源于环境剧烈变化带来的外部压力，也可能是由于某个严重的挫折导致个人下定决心并努力改变。

第六节　内向孩子"不善社交"？不一定

首先需要建立一个认知,那就是内向≠"社恐"！心理学对人格的描述有一个经典的"海洋"(OCEAN)模型,它把一个人的性格分为五个侧面:开放性(Openness)、尽责性(Conscientiousness)、外向性(Extraversion)、宜人性(Agreeableness)、紧张性(Neuroticism)。一个人是内向还是外向属于"外向性"这个维度,而一个人是否乐于与人相处则属于"宜人性",彼此之间是独立的两个不同方面。

我们对于内向有很多误解,认为内向是腼腆,是冷漠,或者是社交焦虑,这些其实都是对于内向者的"刻板印象"——一种过度概括导致的不准确的认知、偏见。前面我们已经介绍过,内向者的特征并非简单的一两个词汇所能描述,而是具有更加深刻内涵的,而且这些特征表现在不同人身上可能是不同的,其背后的原因也是因人而异的,所以当我们认为孩子"不善社交"时,请不要再给孩子乱贴标签，只有认真分析孩子的问题，才可能有效帮助他。

首先，有可能一个人的内向是因为他不喜欢过多的刺激，但这并不代表他们不善社交。内向者和外向者对外部刺激水平有不同的偏好。对于所有人来说，"最佳唤起水平"（optimal levels of arousal）这种状态可以让人最舒适，工作学习的效率和效果也最好。刺激会影响我们的唤起水平，刺激越多，唤起水平越高。刺激是我们从外部世界接收到的信息总和，刺激的形式是多样的，闪烁的灯光、他人的言语、音乐等都属于刺激。相比外向者，内向者对刺激更加敏感，较少的外部刺激已经可以让他们达到"最佳唤起水平"，更多的刺激会让他们感到不适。这就是为什么内向者专注一件事情的时候，如果其他人找他说话，会让他感到烦躁，而外向者一般不会介意这种"打扰"。

其次，在某些场合表现得"不善社交"，并不代表在其他场合也同样"不善社交"。自由特质理论（free traits theory）认为，内向者并非在所有场合、情境都会保持内向，在一些特定的情境中，他们也会表现得外向，比如很多人认为自己"在陌生人面前'社恐'，在熟人面前却像个'疯子'"。内向者也有自己舒适的社交情境，我们可以帮助孩子发现和扩大他们的舒适社交圈，让他们在更多的情境中表现得更加活泼、快乐。

作为家长,千万不要让孩子产生"我不善于社交"的负面认知,这样会更加抑制他的社交行为。我们需要帮助孩子形成正确的自我认知,对自己的性格有更深入的了解,并建立社交自信——"我"只是不喜欢太吵闹的环境;"我"见到陌生人虽然有点紧张,但一旦熟悉了,还是可以自然交流的。对于内向者来说,在生活中做自己也可以获得友谊,并不需要在社交中扮演外向的人,这样只会适得其反。

第七节　正确的认知是从容社交的基础
——ABC 理论

有句很流行的话叫"性格决定命运",其实从心理学角度,更恰当的说法应该是"认知决定命运",因为认知决定了一个人对自己、世界、他人的理解,决定了他如何解释发生在自己身边的事情,进而决定了他面对各种事件会产生怎样的情绪反应和行为,决定了他面对挑战时是止步不前,还是积极应对。

下面介绍一个心理学认知疗法的经典理论——ABC 理论。利用这个理论,可以帮助孩子树立关于社交、友谊、自己和他人关系、挫折、自身能力等方面的正确认知,这是解决孩子内向问题的基础与核心。在后续章节中,我们也会多次提到如何利用 ABC 理论来建立正确的认知,在此基础上解决社交中的问题。

> 小课堂

情绪 ABC 理论

情绪 ABC 理论由美国心理学家阿尔伯特·艾利斯提出，是目前心理治疗方面影响深远的认知行为疗法的基础之一。ABC 理论认为，人的情绪不是像之前人们认为的那样，直接由发生的客观事件引起，而是受到了个人对于事件的主观解读、认知，才形成了相应的情绪。其中的 A 代表 activating event，即情绪的触发事件；B 代表 belief，即个人的信念、认知对于事件的解读；C 代表 consequence，即 A 和 B 共同引起的情绪和行为后果。

情绪 ABC 理论之所以重要，是因为它告诉人们，可以通过调节自己的认知来应对外界事件，避免产生负面情绪和行为，而非一味被动承受外部事件带来的后果。

举个例子，对于同一件事情的发生，拥有不同信念、认知的人会有不同的理解，进而会产生不同的情绪反应。同样是孩子一次考试成绩不理想，有些父母会认为孩子笨，有些父母会认为孩子最近有点不努力，有些父母会认为孩子只是这次发挥不好，也有些会惊呼"天呐，这个孩子未来可怎么办啊"。显然这些不同的信念会导致父母产生不同的情绪，进而采取不同的行动，

> 有些孩子会挨打,有些孩子会得到鼓励,有些孩子会被父母冷嘲热讽……可想而知,这些不同的处理方式长久持续下去,一定会对孩子产生不同的影响。教育方式、家庭环境对孩子成长的深远影响就是这样一步步形成的。

想要改变自己不合理的情绪反应和行为(C),就要从不合理的信念(B)着手,这样才能从根本上解决问题。在社交中,很多人经常会出现一些不合理的情绪反应,例如面对陌生人的紧张,面对他人指责的恐惧,面对别人冷淡反应的沮丧。这些不良情绪会让人排斥社交,无法在社交场合自信从容。如何引导孩子正确理解和处理各种社交难题呢?我们需要从孩子对社交挑战(A)的不合理信念(B)入手,让孩子正确认识社交,这样就不容易产生负面的情绪和行为(C)了。

常见的不合理信念有以下几种,它们的共同点是没有基于完整的事实,并且不利于人们更积极有效地应对挑战。

- 绝对化要求/全或无思维:是指我们对于某些事情的要求过分苛刻,以至于在没有达到目标或结果不理想时对自己和他人产生负面的情绪和看法。例如戒烟的人常想"我从此以后一支烟也不能抽了,否则就是个失败者",在这样绝对的要求下,当下次忍不住抽烟的时候,就会认为自己无可救药,干脆继续"摆烂"下去。

- 过度概括:是指从一个单一事件中得出广泛、普遍的结论,忽视具体情况的独特性。例如,在一次社交活动中被人冷落,就认为自己将总是被忽视,无法获得友谊。
- 内部、固定特质的归因倾向:是指有些人倾向于将各种问题的发生原因,解释为因为自己(内部归因),并且是因为自己的某些固定特质,这会让人消极、沮丧,降低自信心。例如在大型演讲中感到非常紧张,具有内部、固定特质归因倾向的人,会认为这是因为自己没有演讲天赋,无法承受压力,所以自己以后还是不要再出现在这种场合了;而没有这种倾向的人则可能会想这是"我"缺少锻炼,多来几次就不会那么紧张了,或者说今天下面太吵了,如果可以安静一点,"我"可能就不紧张了。显而易见,后者更容易成为一名优秀的演讲者,因为他们不会轻易放弃。
- 糟糕至极(灾难化思维):是指当一些不好的事情发生时,会过度夸大这件事情的影响。例如一次成绩不好,有的孩子会认为天要塌下来了,仿佛不会再有下次考试机会一样。
- 主观臆想:是指缺少事实根据的胡思乱想,由一点点迹象就产生很多联想。例如有人会因为在路上别人没有和自己打招呼，就认为那个人不尊重自己，进而还会想是不是大家对自己的印象就是很差，是不是自己就是个不值得尊重的人……就这样，越想越沮丧。

- 过滤：是指只关注负面信息，忽视或排除积极或中性的部分。例如在社交中，只关注别人的拒绝、冷漠，而没有关注自己也被一些人热情对待、喜爱过，这样便会加深自己不受欢迎的感觉。

同时，从上面这些不合理的信念中，家长也需要学会正确看待孩子的成长、行为。当孩子不愿意主动与人交流、害怕陌生人或总是形单影只时，作为家长，我们需要用合理的信念来理解这些事情，而不是任由这些不合理信念发挥作用，进而产生负面情绪，最终对亲子关系和孩子的自尊、自信产生负面影响。例如，对于偶尔发生的事情，我们不该泛化到认为这是孩子永远改不了的毛病；对于不好的表现，我们也不该夸大它的负面影响。

如何纠正不合理的信念呢？作为家长，我们可以引导孩子挑战这种信念的合理性，举出一些反例，或者指出信念不合理的地方，或者通过后续的实际事实来证明这个信念的错误。例如孩子害怕人多的场合，因为觉得人多的时候会有很多人关注自己，自己有可能出丑。那么，我们可以选择人多的场合，和孩子一起观察：别人是否真的在看自己，然后再让孩子回忆自己在人多的场合是否有意在关注某个人；即使关注了某个人，他是否真的出丑了；即使出丑了，这个人有没有受到什么实际的影响……通过实际体验，孩子会发现原来别人不会过多关注自己，原来即使出丑也不是什么大事，不会带来什么实际影响，那也就没什么好担忧和害怕的了。

　　在纠正不合理信念的同时，更重要的是让孩子形成合理的信念，这就是"功夫在平时"的长期工程了。我们常说"家长是孩子最好的老师"，还有一个成语叫"言传身教"，但我们还是会低估自己和孩子的日常交流对孩子的影响。在心理咨询的理论与实践中，往往会将一个人心理问题的根源追溯至童年的成长环境，父母在孩子面前展示的行为举止、对于事物的评价、对于孩子行为的反应、对孩子需求的关注程度、对于问题的处理方式等，都会潜移默化塑造孩子的核心认知（世界观、人生观、价值观）和性格。这是因为孩子在成长中是依附于父母的，在刚开始了解世界的时候是从心底里崇拜父母的，父母的言行在年幼的孩子眼里就是正确的范本，他们会去学习、尝试理解、模仿，进而形成自己的思维方式、认知，乃至三观。也就是说，家长在日常沟通、互动中传递了什么信息，就会让孩子形成对应的认知和态度。所以我们需要注意自己的言行，说和做之前都要想想会对孩子造成什么影响，会让孩子形成什么样的核心信念——"我"

是有能力的吗？世界是友好的吗？他人是可信任的吗？"我"值得大家喜欢吗？运气更重要还是努力更重要？"我"是独立的人，还是父母的附属物？

例如，我们千万不要给孩子贴标签，不要对他说"你是个内向的人""你很腼腆"等，这样做会让他认为自己真是这样的人，进而这样去行动；同时，这种"固定型思维"的描述也会让他认为自己"一直是这样的人，是不会改变的"，从而放弃变得更好。我们也不要简单地拿孩子和别人作比较，告诉孩子谁谁谁在某方面比他强，这会让孩子认为"我不好，别人比我好"，从而失去自信；我们可以换种"成长型思维"的描述方式，"谁谁谁目前在某个方面比你强，因为他之前付出很多努力，如果我们以后加油，一定也可以更加厉害"。当孩子在某件事上成功了，我们也不要简单地告诉他是因为"你很聪明"等固定特征，这会让他认为"成功是因为天生的聪明"，而要帮他回顾自己为了成功付出的努力，这样孩子会形成"我可以通过努力获得成功"的思维。

教育孩子就像训练人工智能模型一样，输入什么数据，就会得到什么结果。和孩子的每一次对话、互动，甚至一个眼神，都是一次"训练数据"的输入。孩子这个"大模型"中的无数参数，会因为这次输入产生细微的变化，每一次的影响可能不大，但积累到一定程度后，就像微风吹过山岗，雨水滴落巨石一样，最终会塑造成一座座形态各异的山峰。

许多社交问题都源于认知上的偏差。一旦帮助孩子建立正确的认知,他们就能自发地产生更积极的想法和行为,从而变得更自信,并进入一个良性循环。在后续章节中,我们也会经常提到 ABC 理论的使用。

案 例

女儿今天看起来不太高兴,我和她开始了闲聊。

我:"今天在幼儿园有什么不开心的事情吗?"

女儿:"小橙子不和我玩,我想和他们一起游戏,他不让我加入。"——女儿有点伤心。

我:"他为什么不让你参加呢?"

女儿:"可能他嫌弃我吧,不想和我做朋友了。"——明显可以听到语气中的失落感。

我:"他是这样说的吗?还是你猜的?"——我觉得有必要深究一下,看看是否存在认知上的偏差。

女儿想了一下,语气有点变化:"嗯,不是,他说我们不需要人了。"

我立刻用一个更合理的方式解释她遇到的问题:"看起来并不是他不喜欢和你一起玩了,只是这一次他们正好人数够了,不能再加人一起玩了,对吧?"

女儿的语气明显轻松多了:"对,他一直很喜欢和我玩,有时候我不想跟他玩,他还非要拽着我不可。"

我接着用更积极的方式去描述:"是的,你看,别人偶尔不想和你玩,有可能只是暂时的,只是当时他有别的事情,所以不和你玩,这没关系的,不代表你们不是好朋友了。再说,你也可以找别人玩,你有很多朋友可以一起玩的。"

女儿:"是的,我想和谁一起玩都行。"

这次对话,纠正了女儿对朋友的误解,更重要的是,识别到了一种消极的认知方式——"别人有一次不和我玩,就代表不想和我做朋友了"。这种主观臆想、全或无的认知方式,会让她在社交中更加脆弱,更容易放弃和他人的友谊。我通过询问具体发生的事实,并使用积极的方式来描述,让女儿从更客观、积极的角度来理解发生在自己身上的事情。经过多次类似的沟通,孩子便可能一步步形成积极、乐观的认知。

第二章

学社交,先从正确鼓励孩子开始
——如何一步步提升自我效能感

第一节 对孩子来说，社交是一项浩大的工程

作为父母，最重要的是要理解自己的孩子，理解孩子的特点、想法，也理解孩子只是个"孩子"，并没有成年人的经验、智商、思考能力等。

成人有时很难意识到，对孩子而言，"社交"是一种多么复杂、艰巨的冒险。如果我们能够看到孩子在打开自我逐步与外界建立联系时内心世界发生的一切，那么便会发现，社交这件事对孩子来说并不简单。当孩子第一次出于自己的意愿和小伙伴说出"你好"的时候，这句平平无奇的问候，在他的内心世界已经完成了几轮工程浩大的基础建设。

第一轮"基建"叫"去自我中心化"。孩子最初降临到世界时，大脑中预装的默认系统是基于这个信念运作的——"我"就是世界的中心。

六个月大的婴儿只需要用哭声召唤来妈妈，就能得到食物

和干净的尿布；两岁的幼儿在餐桌旁一遍又一遍地把勺子扔在地上，为自己可以控制这个奇怪的小东西在空中飞出各种曲线而乐不可支。他们的喜怒哀乐只要表达出来，就可以得到世界的呼应。

但这种甜蜜的时光是短暂的，很快他们就会受到第一波冲击：五岁时，想要加入一群孩子的游戏，却遭到了无情的拒绝；六岁时，把最爱的图画书送给班里的小朋友，人家却随手一扔，看都不看一眼……他们越来越多地发现周围的"人"有着不同于一般物体的复杂度。每个人都和自己一样有各自的思想和情感，难以捉摸，更无法控制。即使最亲密的父母，也并不总能和自己的悲欢相通。这时，本来清晰的世界变得云山雾罩起来，充满了令人不安的不确定性。

这种艰难的适应也许会一直持续到孩子上学。如果一切顺利，他最终会获得"观点采择"的能力，也就是能够推测别人的感情、想法，能站在别人的立场去思考问题。儿童心理学家皮亚杰把这个过程称为"哥白尼式的革命"。在他看来，孩子颠覆和重建内心秩序的过程，冲击如此之大，堪比当年哥白尼提出"日心说"，让全人类都必须得接受现在我们所栖居的地球不是宇宙的中心，人类也并没有受到上帝特别的眷顾一样。

即使成人也未必有这样强大的心智去面对这种落差，但孩子这时并没有太多时间去感叹这些，因为他们就要上学了，必须坚强起来面对更复杂的人际挑战。

假如有这样一门学科，它是如此重要，以至于时不时地会进行突击"测验"；尽管课程内容极其庞杂深奥，"考试"也非常有难度，没有任何套路，但在学校却没有为它安排课时和老师，教参、课本一概没有，几乎全靠自学；偏偏这门课看起来大家理所应当就会，不会的可能既没人帮忙补习，也不会被他人理解。

所有这些听起来是不是无比让人焦虑？这门隐形的课，就是社交。对于在社交方面存在困惑的孩子来说，这门课的复杂程度不亚于奥数难题——和同学在走廊相遇的时候，距离多远打招呼合适？入学才没多久，班里所有人都有固定玩的"搭子"了，"我"该怎么办？这些与社交相关的琐碎问题，都是来自青少年的真实苦恼。

著名心理学家阿德勒也提醒过，社交对孩子来说是需要学习的课程，父母不能指望孩子"出厂"自带社交技能："我们不能因为他的短处而责备他。当他开始尝到苦果时，我们只能帮助他设法加以补救。我们不能期待一个没有上过地理课的孩子在这门课上取得好成绩；我们也不能期待一个未被训练以合作之道的孩子，在面临一个需要合作的工作之前，会有良好的表现。"

第二节 你还在进行无效鼓励吗？提升"自我效能感"才是关键

在学校里，有这样一类孩子，他们待人接物时瞻前顾后、小心翼翼，似乎总在小心地迎合着别人，但别人却感觉不自然、不舒服。他们总能格外敏锐地感受到空气中的尴尬，然后一次又一次挣脱失败，直到彻底放弃。通常这些孩子引起我们关注的时候，已经是在"彻底放弃"的阶段，所以看起来会显得有些"古怪"。有的淡漠如冰，看起来什么都不在乎；有的情绪极不稳定，甚至逃避上学，只因为"不想看到学校里的人"。

成年人的观察和沟通往往是粗率的，通常看不到孩子艰难尝试又反复失败的细微过程。即使发现了蛛丝马迹，许多家长在孩子的情绪影响学业之前，也不会给予太多重视，以至于当孩子已经陷入"习得性无助"时，家长还觉得莫名其妙，不可理喻。"习得性无助"是指由于反复的失败或无法控制的负面事件而导致的一种被动、无力改变现状的心理状态。如何才能摆脱习得性无助的困扰，帮孩子走出社交困境呢？作为家长，我们需要平时有意识地帮孩子储备社交自我效能感。

自我效能感理论由美国著名心理学家班杜拉提出，是颇具影响力的心理学理论之一。社交自我效能感是指一个人对于自己能够获得和维持良好社交关系的信念，有点类似于"社交自信心"。社交自我效能感之所以重要，是因为它会深刻影响一个人的社交行为、积极性，以及应对困难的方式，进而影响社交的最终结果。拥有较高社交自我效能感的人，在人际交往中会更加主动，因此更容易与他人建立关系。心理学研究发现，较高的自我效能感有助于获得更多的社会支持，从而让人们更快、更好地适应新环境。

孩子挑战任何一项有难度的任务，包括社交，都需要事先给他储备足够的"自我效能感"，因为只有孩子相信自己可以做到，才有力量去迎接生活中的种种"暴击"。那么如何给孩子储备自我效能感呢？很多家长会用鼓励的方式，但在使用过程中对其又充满疑惑。

说起这个话题，不少家长会觉得很委屈。一位母亲这样说："我们一直都在鼓励孩子啊，夸奖的话自己都说无数遍了，可为什么越鼓励越蔫，说多了还发火！马屁拍到马蹄子上了，孩子怎么这么不识好歹呢?"

女儿一脸嫌弃:"他们虽然嘴上夸我,但内心根本不相信我,这只是他们的手段罢了。有一次还说'我们都这么鼓励你了,你怎么还这样'。这些鼓励我根本不需要。"

难道鼓励真的没用吗？这样说并不准确。鼓励又分为有效鼓励和无效鼓励,有效鼓励建立在事实基础上,很有说服力;无效鼓励远离实际,比较空洞,几乎无效。常见的无效鼓励还包括下面两种:

- "结果预期"不等于"自我效能"。就算知道一件事完成后会有很大收益,也不意味着有信心自己能够完成。比如对孩子说"这一关过去了后面就好了,你可要好好表现啊"。

- 没有事实基础的言语鼓励。比如告诉孩子"你只要好好去沟通,没有解决不了的事"。

鼓励,其实是一门复杂的学问。即便在正能量满满的环境下,孩子的内心也不会因为"廉价"的、"商业互吹"式的表扬而感到充盈。现在市面上有许多指导家长鼓励孩子的法子,从赏识教育,到正面管教,再到成长型思维。虽然看着很多,但实际上所有的技巧归根结底都在做一件事:帮孩子多储备一些自我效能感。失败不要紧,要紧的是他得有力气继续试下去。

所以,鼓励是否有效,关键在于它能否增加孩子的自我效能感。不管怎么措辞,哪怕就是一句简单的"不错",孩子听到以后效能感提升了,相信自己可以做到了,那就是好方法。反之,哪怕夸出花儿来,孩子听到后若没反应,那也无济于事。

总体来说,获得自我效能感的途径有四种:

- 直接成功经验:自己亲自做成的事或成功的经历,会带来自我效能感的提升。这种提升效果是最好的,毕竟一次成功体验胜于千言万语。

- 间接成功经验:就是看到别人成功后感觉"他行我也行"。需要说明的是,这种途径下,跟自己各方面条件、能力都差不多的人取得的成功给自己带来的激励作用会更大。

- 言语鼓励:言语鼓励要想有效果,必须建立在事实基础上,空话是无效的。另外,如果是孩子信任、尊敬的人,言语的作用会更大。

- 积极情绪:做一件事感到心情愉快,也会让人更有自信。如果把这件事当成一个苦差,那么对成功的期待也会降低。在心情愉快的时候,人更容易感到"无所不能"。

这些方式有一个共同特点,那就是建立在实践经验基础之上,没有捷径可走。因为没有真实的行动,就不会有真实的成就体验,反复挫败的体验只会降低自我效能感。"失败是成功之母"的规律,在自我效能感偏低的前提下是不起作用的。如果发现孩子已经效能感不足了,"激将法"等带有刺激性的方法一定要慎用,防止孩子受到进一步的心理伤害。

> **小课堂**
>
> 　　心理学研究表明,自我效能感是孩子从幼儿到青春期的成长过程中逐渐形成的,特别是在孩子更加独立的青春期,这个阶段形成的自我效能感将对孩子的社交能力和幸福感产生深远影响。

第三节　三步帮孩子收获社交自我效能感

承认孩子不容易，理解社交对于孩子的复杂性，明白社交对于孩子的重要性，这些都是和孩子共情的基础。耐心与理解可以让孩子感受到你的关心，并愿意和你敞开心扉沟通，在这种前提下，家长就可以通过以下三个步骤，逐步帮助孩子提升社交自我效能感了。

第一步：寻找"例外"——寻找成功的证据

找一个较长的时间段，在这段时间里，你和孩子可以独处并进行安静、放松的交流，具体谈话内容可以围绕下面几点展开：

- 了解孩子现阶段最好的朋友是谁，他们是怎么认识的。
- 请孩子回忆他们从认识到熟悉，再到成为好朋友的过程，鼓励孩子多说出一些细节。
- 在相处过程中，孩子和朋友之间可能会有一些小摩擦或误会,鼓励孩子说出来,并回忆他们是如何解决这些小矛盾的。

尽量让孩子多说,做一个倾听者,但不仅仅是被动倾听,要在合适的时机鼓励和引导孩子说出最真实的细节和感受。多问"你是怎么想的",而不是评论或者告诉他"你应该这样做"。

第二步:"你是怎么做到的"——放大成功的细节

在孩子的描述中,去积极寻找值得鼓励的地方。例如当孩子表现出主动性的时候,当孩子克服恐惧去解决问题的时候,当孩子从积极的视角评价自己的时候,当孩子乐观看待社交和他人的时候,都要及时给出简短的总结和积极的评价,通过表扬强化孩子对自己的正向评价。

如果孩子在描述中没有表现出值得鼓励的地方,或者表达了一些不利于发展社交主动性的感受、想法,例如将关系的建立主要归因于朋友的主动,或者对矛盾的出现和解决进行了错误归因,这时也不要急于纠正孩子的想法,而要针对他的描述多问几个引导性问题或假设性问题,努力让孩子自己发现认知上的偏差。

总之,要让孩子在和你的交流中慢慢建立以下观念:

- 如果"我"主动的话,是可以获得和加深自己与他人的关系的。

- "我"和他人是平等的关系,如果遇到困难,应该去分析和面对,而不是逃避。

- 他人的拒绝或冷淡,不是因为"我"不够好,而是时机不好或一些环境因素的影响。

第三步:"你做得很好,能通过这个办法再认识一个新朋友吗?"——成功储蓄罐

通过回顾成功经历,孩子大概已经对自己的社交能力有一些自信了,也理解了正确的社交态度,那么便可以和孩子约定一个目标,使用刚才一起总结出来的方法,再试着去结交一个他一直想认识或者加深关系的人。

请孩子说出几个潜在的认识对象,并给出一个可衡量的结果,例如相约一起参加某个活动或邀请对方到家里玩。

请孩子说一下他的计划,可能遇到的问题,如何解决这些问题,怎样让关系变得更好,如何拉近关系,等等。

案 例

当刚升入中学两周的小林说到自己"没有朋友"时,爸爸老林并没有太过焦虑,他是这样与孩子对话的。

小林:上中学一点也没意思,我现在在班里都没有好朋友,下课也没有人跟我玩。

爸爸：真的？你有这么厉害？没人和你玩，那上次你们老师布置的三人小组合作的任务，你都是自己一个人搞定的？你也太强了吧？（不否定孩子的感受，但我们可以鼓励孩子说出更丰富的细节，引导孩子看到更多的可能性。可以幽默点，传达出一种轻松积极的态度）

小林：啊？那倒也不是……小梅和小李跟我一起完成的。可她俩并不是自己主动来找我的，是最后我们都没找到组员，老师就帮我们凑一起了。

爸爸：嗯，所以你也没有主动去找她们咯，不知道她们知不知道你其实很希望找到朋友呢？（引导性问题，提示孩子留意自己在交友上主动选择带来的影响）

小林：是呀。我是觉得大家很快就都找到玩伴了，我也不想随便插进去。如果人家不愿意，那多尴尬啊……唉，我自己都一点也不主动，这样怎么能找得到朋友呢？！

爸爸：嗯，找到原因是好事。不过，爸爸觉得你这样谨慎地关注同学的想法，也不是坏事。还记得小学时和你玩得最好的果果，你们是怎么成为好朋友的吗？（发现例外，寻找成功）

小林：果果说，我从不强迫她做她不愿意做的事，也不会动不动就发脾气，平常有什么好事都会想着她，只要和我在一起就很开心。

爸爸：对呀，这些都是你的优点。你心思细腻，很快就能发现朋友喜欢什么，不喜欢什么，平常总为朋友着想，有你这么一个好朋友当然很开心啦。说到这里，爸爸倒想请教一下，你是怎么让果果发现你有这些优点的啊？这可不容易。（放大成功细节）

小林：嗯……我好像也没做什么，当时也是因为秋游的时候正好分到一组，一起玩，后来才越来越好的。一开始我还觉得她有点陌生，后来才发现，其实她可好玩啦，知道很多笑话，太逗了。（说起愉悦的回忆，孩子的情绪好转了，就更容易接受积极改变的建议了）可是……果果和我不在一个学校了，我现在还是没有好朋友啊。

爸爸：是啊，我们之前好像都没注意到，为了你们的友谊，果果真作了不少贡献。她这么有意思，又主动热情，遇到这样的好朋友，咱可真幸运。不过，这段友谊也离不开你的功劳，你总能发现她的优点，也让她觉得自己很棒。好朋友就是这样，能相互看到对方好的地方。你说，现在在新的学校里，是不是也有小伙伴希望能有一个像你一样，又细心，又能欣赏自己的朋友呢？

小林（若有所思）：嗯……我想想。对了，我现在要去做两件事：第一件是给果果发条信息，谢谢她之前为我做那么多事，我们虽然现在不在一个学校了，但以后还是好朋友；第二件是我要趁着这次小组作业展示的时候,在班里说说小李和小梅做得好的地方,她们应该会高兴的。

爸爸:好！爸爸觉得你这主意特别好。你去试试,回来记得告诉老爸结果哦！

就这样,通过短短几分钟神奇的谈话,爸爸帮助小林从无助的"消极思维",转变为积极主动的"优势思维"。爸爸并没有讲太多的道理,也没有给出具体的操作方法,只是和小林一起"看到"了自己本来就拥有的资源和能力,这样,"自我效能感"便可以自然发挥作用。

第四节 避免软弱的心态，才能维护和争取自己的利益

内向和软弱，这是两个不同维度的概念，内向是一种社交和能量恢复方式的偏好，而软弱则是缺少意志力和勇气去坚持自己的表现。虽然内向的人不一定软弱，但不幸的是，很多内向的人经常表现得比较软弱，比如在压力下容易放弃，这会让他们很难维护自己的利益；而在竞争中容易退缩，也会让内向的人无法更好地争取自己的利益。

要想改变软弱的心态，自我效能感是基础。我们需要培养孩子在高压和竞争环境下坚持自己的能力，这会让他们更自信，更坚强，更有主见。提升自我效能感的主要方法包括具体实践以及对于实践的积极解释。如果发现孩子在和朋友的互动中表现比较软弱，可以引导他下次遇到类似的情况，采用更加坚定的处理方式；而在下次类似场景中有所改善的时候，我们要及时对

孩子的行为进行积极反馈,让孩子把这种不软弱的实践经验内化为成功经验,从而增强自我效能感。

案 例

我女儿在四五岁的时候,偶尔会被"欺负",比如在外面玩的时候玩具被别的孩子抢走了,她也不敢反抗。

这时候我会和她谈心:"别的小朋友抢你的玩具,你不应该直接给他,因为这是你的东西,不能被随便拿走。可以告诉对方如果想玩,需要和你商量,不能直接拿走。"

女儿没有说话,我感觉她有点担心自己无法做到这样强硬。

我接着说:"你不用怕,爸爸妈妈都在旁边,没有人可以欺负你,你保护好自己的东西就行。"

女儿高兴地点点头。

过了一段时间,看到她的表现确实改进了之后,我及时和她沟通:"你看,今天那个小朋友粗鲁地拿你玩具的时候,你没有给他,是不是他也没有办法?这样你就可以玩你想玩的东西了,对不对?当然,如果是你的好朋友,或者小朋友友好地和你商量想玩你的玩具,我们还是要好好分享的。"

女儿仿佛也感受到了成功的喜悦,有点得意地说:"就是,我自己的玩具,想给谁玩就给谁玩。"从这件事中,她感受到了自己对拥有的东西是有支配权的,没有人可以强迫自己,这有助于提升她的自我效能感。

自我效能感只是认知的一部分,除此之外,还有更加深入的认知需要关注。孩子在成长过程中,会逐步形成"核心信念",即自己是谁,和他人的关系是什么,和世界的关系是什么等,这些看起来很"形而上"的概念,实际上会切切实实地影响人们的思想和行为。如果孩子认为别人是可怕的、不喜欢自己的,自己是比别人差的、被看不起的,那他们便很难在社交中表现得平等,也很难坚持维护和争取自己应有的利益。

如果想让孩子成长为一个能够与他人平等交往,会维护和争取自己利益的人,就需要让孩子形成关于自己和他人关系、自己和世界关系的正确认知。如何做呢?

第一步,评估孩子对"他人"的认知是否合理

每个人都会对"他人"有基础的概念,这些概念会影响自己对他人的态度、行为。有些人认为"他人即地狱",那么他会尽量避免和人交流,会恐惧与他人接触;有些人认为他人都要围绕"我"而存在,那么他可能会无视他人的需求和价值,甚至为了自己的利益随意操纵他人。那么对于内向者来说,常见的关于他人的认知误区又有哪些呢?

- 过度关注他人对自己的评价:比如有"别人如何看我决

定了我的价值""被批评意味着我这个人不好"这些想法。

- 对冲突的不合理理解：比如认为"任何冲突都会破坏关系""有不同意见就是关系出了问题"等。

- 对自己权益的错误理解：比如认为"维护自己的利益是自私的""别人的需求永远比我的重要""提出要求会给他人添麻烦"等。

- 对于责任的错误归因：比如有"他人的不开心都是我的责任""我应该照顾到所有人的感受"这些想法。

因为这些认知有时候隐藏很深，并不是有意识的，孩子可能自己都不知道自己有这样的想法，所以识别它们有一定的困难。在实践中，我们主要通过观察、提问来发现。

观察的时候，可以关注孩子在社交互动中的具体表现：姿态语言，比如是否畏缩、回避眼神接触等；说话方式，比如是否音量微弱、语气不自信等；面对冲突时的真实反应；在群体活动中的参与程度和扮演的角色……观察多了，就可以对孩子有更加深入的认识。

另外，也可以采用提问的方式，不过需要注意技巧，直接问是很难得到准确答案的，可以采用开放性的问题，假设一些场景，看看孩子对于这些场景的理解，例如"如果你和朋友商量去玩什么，你们想法不一样，你会怎么想""如果你想玩朋友的玩具,你会怎么做""如果朋友对你生气,你会怎么办"等,对于孩子的回答,我们还可以追问更多细节,在此基础上更全面地了解孩子,了解他的真实想法。

第二步,对孩子不合理的认知进行纠正

我们每个人,无论大人还是小孩,都会有一些不合理的认知,这是很正常的。将不合理的认知逐步纠正,可以让我们获得更加理性的思维方式,以及积极的心态。纠正孩子的不合理认知,我们可以采用下面这些技巧。

- 控辩方证据技术:对于不同观点,分别尝试找到证据,这样就可以客观地发现哪个观点更加符合事实。

例如当孩子认为"我必须顺从朋友的要求,否则朋友就不喜欢我了",那么我们可以让孩子尝试找出自己和朋友意见不一致,最终却采纳了自己意见的情况,看看这样做朋友是否真不喜欢自己了。如果不是,那说明这个观点就是不成立的。这样的例子多了,孩子就会认识到,原来"我"可以有自己的意见,"我"不必一味顺从他人、牺牲自己。

- 行为试验技术:上面的方法需要有支持的案例,但是如果孩子找不到案例呢?我们就可以使用行为试验技术了。这种方法通过鼓励孩子按照新的观点尝试行动,来看最终结果是不是和之前的想法不一致。还是用上面的例子,孩子认为"我必须顺从朋友的要求,否则朋友就不喜欢我了",并且他也找不到自己不顺从朋友的案例,那么就让孩子尝试一下对朋友的决定发表不同意见,尝试影响朋友的决定,看看是否真的会影响友谊。当然,如果觉得这种方法比较难,或者感觉等待的时间太长,那么可以用"角色扮演"的方式来模拟,有时也可以有不错的效果。

- 代价-收益分析技术:如果是年龄比较大的孩子,有一定的逻辑思维能力,还可以使用代价-收益分析技术去权衡哪一种观点可以让我们获得更大的收益,付出更小的代价。

观点"我必须顺从朋友的要求,否则朋友就不喜欢我了",会让我们在关系中处于被动、从属的位置,让自己不高兴,而观点"我可以不顺从朋友的要求,这不会影响我们的关系"可以让我们在关系中更加自主,更有利于维护自己的利益,而它的代价就是可能会影响友谊,那么这就需要权衡了。其实,更加成熟的认知当然是"既不一味地顺从,也不一味地追求做决策,而是和朋友形成相互尊重的默契",这种科学合理的理念,需要孩子在成长中慢慢获得。

以上这些技巧介绍起来并不复杂,但是需要去一次次实践才能让它们发挥价值,父母可以作为孩子的教练,用上面的方法来引导孩子，改变孩子的不合理认知。其实，以上这些方法是心理咨询中的常用技巧，对于我们成年人的个人成长也很有价值，也可以用于分析和优化我们自己的认知。

第三章

请善待"扭扭捏捏"的孩子——先接纳,再改变

第一节　什么是社交焦虑

内向孩子的父母常见的苦恼便是孩子害怕陌生人,在社交场合会紧张,很难自然地结识朋友、融入群体。这些表现都属于社交焦虑。

社交焦虑的具体表现包括:

- 在社交场合中无法自然行动,感觉手足无措、无所适从。
- 在社交场合中会出现紧张的生理反应,例如脸红、心跳加速、出汗、频繁想上厕所、口干舌燥、颤抖等。
- 对于社交场合表现得想要逃避,想要离开。
- 担心在他人面前出丑,害怕别人对自己有不好的评价。

社交焦虑,就像很多心理学概念一样,是一个均匀分布的"连续值"——每个人都多多少少有点社交焦虑的表现,但是绝大部分人的社交焦虑并不会产生特别严重的影响。只有极少数人可能患有真正的"社交焦虑障碍",这种心理疾病会给患者带来特别剧烈的生理反应，如浑身冒汗、喘不上气，甚至昏厥、崩溃哭泣等。当出现这些情况时，建议在第一时间寻求专业心理健康和医疗机构的帮助。

不过，大部分内向的孩子只是有一点社交焦虑而已，家长不用过于担心，也不用着急给孩子贴上"社交焦虑"的标签，而应该找准孩子在社交中紧张焦虑的具体问题，并尝试解决。其实很多轻微的问题是完全可以解决的。

另外，为了减少"社交焦虑"这个词汇给孩子带来"问题很严重"的暗示，建议和孩子沟通时用"紧张"等轻微的词汇代替，毕竟心理学词汇有太多被大众误解了。

> **小课堂**
>
> **巴纳姆效应——不要因为有点像，就给自己或孩子贴标签**
>
> 你是否觉得星座个性或运势的描述和自己真的很像，算命的人仿佛看透了你的内心一样？其实并不是他们有什么神奇的力量，而是人类天生就倾向于把那些模糊且普遍的描述往自己身上套，然后认为就是在描述自己。一旦被贴上了某种标签，我们就会越来越觉得自己是标签所描述的样子。

> 我们也非常容易受到自己身上的一些标签的影响，比如女生就要喜欢洋娃娃，好学生就要喜欢看书，这些都会慢慢"内化"为孩子的喜好和价值观，让孩子主动调节自己的行为。同样的道理，如果我们让孩子认为自己是"容易社交焦虑的人"，那么他真的会害怕社交场合。

社交焦虑可以改变。社交焦虑的影响因素是多方面的，既有先天生理、气质上的因素，也有后天认知上的因素。在这些因素中，我们可以着重改变的有以下三个：

- 社交自我效能感：对于自我效能感高的人来说，他们对情境的掌控感更强，不但很少担心、忧虑，反而更加自信和积极。我们可以从社交自我效能感入手，增强孩子对于自己社交能力的信心，从而有效减少社交中的焦虑。

- 特定任务、情境的熟悉程度：陌生总是代表着更大的不确定性，熟悉总会让人更加放心。很多有挑战性的社交场合，如演讲、表演、大型聚会等，初次参加的时候总是最紧张的，次数多了就轻车熟路、收放自如了。我们可以让孩子多经历一些社交场合，让孩子熟悉不同场合可能会发生什么事情，以此减少陌生感和不确定性。

- 对焦虑本身的态度：其实，越是能够接纳并允许焦虑存在，越能够缓解焦虑状态；相反，越是急于改变，越容易陷入更严重的焦虑中。

第二节　如何应对焦虑及其带来的生理反应

我们可以让孩子参加更多社交活动,逐步积累社交中的成功体验,提升自我效能感,进而减少在社交中出现焦虑。可以将行动设计为下面四个步骤。

第一步:设计目标

"凡事预则立,不预则废",练习社交也需要有比较明确的计划。一个合格的计划,一般需要包括确定的时间、可以衡量的目标,最好可以将一个大的任务拆解成多个小任务。例如每个月至少参加两次之前不经常参加的社交活动,每次社交活动至少认识一个新朋友,三个月内做到可以融入一个陌生聚会等。

设计计划时一定要考虑现实,切忌出于"期望"而制订无法实现的计划,这样只会给自己和孩子太多压力,在执行过程中的困难也更容易让人产生挫败感,进而导致半途而废。孩子对计划有积极性是成功的关键,所以计划的制订需要孩子一起参与,共同讨论。另外,父母需要做的是引导孩子对计划中的活动产生兴趣,而不是以父母的身份命令孩子参加。

最后,活动内容也要适合孩子,符合孩子的"最近发展区",和孩子的特长或兴趣相匹配,让孩子有机会认识志同道合的朋友。例如对于见到陌生人就紧张脸红的孩子,可以先不去参加太大的陌生人聚会,而是在"最近发展区"内找一些人数较少、相对可控的场合进行锻炼。如果孩子特别喜欢某项运动或某种艺术,那么围绕它开展的活动无疑可以让孩子更加放松和自信。

第二步:提前准备

在安排的活动真正开始之前,我们也需要使用一些方法来提升孩子的积极性,以此减少可能的紧张感。

奖励是一个不错的手段,我们可以和孩子约定一些物质奖励,或者给予孩子做某些事情的特权。只要孩子完成这次活动的目标,就可以得到奖励。但是使用奖励需要有一个度,过度依赖奖励反而会影响孩子社交兴趣的形成,让孩子认为自己"仅仅是为了奖励才进行社交",所以奖励一般只在整个计划的早期,用于激励孩子迈出最初的几步,之后就要逐步取消它,而引导孩子关注社交本身的乐趣和收获了。

第三步：耐心陪伴和帮助

在有挑战性、可能让自己不舒适的活动开始前，发脾气、想逃避、紧张都是正常现象，作为家长，需要耐心鼓励孩子。如果这个活动的目标对孩子来说压力很大，那么我们只要在活动中努力引导孩子实现就好，不要总提醒孩子最终目标，这样会增加孩子的压力。

例如孩子第一次去一个陌生的兴趣班，目标是和班里一位小朋友聊天并邀请他到家里做客，如果孩子一想到邀请别人就不知所措，那么可以安慰孩子，告诉他"只要尝试和你感兴趣的小朋友聊聊天就行"，你可以帮助孩子向对方家长发出邀请。

第四步：及时总结

反馈总结是计划执行的必要步骤，计划是否顺利，是否需要调整，都需要通过总结来判断。

另外，及时对孩子取得的进步给予肯定也非常重要，无论这个进步多么微小，都值得表扬，它可以让孩子明确意识到自己正在通过一次次活动变得更加自信和开心，是帮助孩子提升自我效能感的关键。

在总结的时候，除了表扬孩子取得的进步外，还要引导孩子回顾在社交中体验到的快乐，尽可能地让孩子对社交发自内心喜爱，这才是"练习"最有价值的产出。

在针对社交焦虑展开的一系列练习中，可能会遇到一个难点，那就是如何解决因过度紧张而产生的生理不适，例如呼吸急促、颤抖、胸闷气短等，下面介绍一些技巧。

认知行为技巧

不把生理不适归因于自己或固定的因素，而是归因于情境因素。也就是说，是这个场合让"我"紧张，而不是因为"我"是一个社交焦虑的人而紧张。有时候焦虑会引起生理不适，而生理不适又可能会加重焦虑。我们很多时候会错误解读自己的情绪和生理感受背后的原因。例如在床上翻来覆去睡不着，会认为自己是因为焦虑而失眠，实际上很可能只是因为喝了咖啡或者玩手机太兴奋而已。同样，内向者在社交中感觉心跳加速、身体发抖，这些反应有可能只是在社交场合中正常的兴奋感，但它们被解读为了紧张、焦虑、害怕，进而使内向者对社交产生了恐惧心理。这个时候，我们需要做的是，不要把现象习惯性地归因于让自己感觉"固定的""难以改变的"特质，而要找到"偶然"的原因来解释，这样可以帮助我们以更加轻松的心态应对问题。很多时候，一旦心态放松了，问题就解决了一大半。

深呼吸

当孩子正在经历紧张情绪时,深呼吸可以有效减轻情绪反应,帮助孩子放松。同时,养成深呼吸的习惯还可以帮助我们提升含氧量,促进新陈代谢,缓解疲劳等。在需要的时候,请记得深呼吸,深呼吸是最重要、最容易被忘记的事情。我们需要帮助孩子养成习惯,在紧张、疲劳时,记得有深呼吸这样一个方便又有效的方法。

下面来看一看深呼吸的正确方法。深呼吸不仅仅是"深吸一口气"这么简单,也需要注意方法。大部分人习惯的是胸式呼吸,而正确的深呼吸是指"腹式呼吸",即使用鼻子缓慢吸气,气体不仅停留在胸腔,而是进一步进入腹腔,让肚子鼓起来。再来看深呼吸的节奏。深呼吸并不是快速、急促地大口吸气,节奏也非常关键。使用鼻子深吸气(3~4秒),停留(3~4秒),慢慢用嘴呼出(3~4秒),这三个步骤为一组,一次可以做5~10组。

理解和接纳

很多时候,人总是过于关注自己不舒服的感觉,潜意识里认为不舒服是一种异常状态,总是执着于消除这种异常。其实,这种反应在进化心理学上是合理的,不舒服往往代表了某种危险

（例如面对野兽的紧张），人类本能地会选择逃离引起自己不舒服的环境，消除不舒服的感觉，这是提高生存概率的进化优势。在现代社会，无论是心理上还是生理上，轻微的不舒服都是非常正常的。我们如今面临的生存环境，和祖先获得这种"执着于消除不舒服"的本能的漫长进化岁月已经完全不同，绝大部分的"不舒服"已经不是危险的预警，我们要学会接纳、忽视。具体到社交场景中的不舒服感觉，我们可以确认和"生存""危险"这些耸人听闻的词汇已经没有任何关系了，那么"不舒服就不舒服吧，又会怎样"这种心态也未尝不是一种好的应对方法。我们可以这样让孩子安慰自己：当你不再害怕这些不舒服的感觉时，那么它们的影响也就仅限于一些表面上的不适了，不难忍受。

第三节　内向的孩子更加敏感，可以引导他"糊涂"一些

在心理学和生活中，"敏感"这个词有完全不同的意思，这两个意思都与内向者的社交有非常密切的关系。

在心理学中，"敏感"的意思是更容易受到外部刺激的影响而产生神经系统的过度兴奋，当这个兴奋程度超过舒适的水平范围后，就会产生烦躁等不适感，这也是内向的人喜欢安静的原因。

在生活中，"敏感"的意思是对于社交中他人表现出的负面情绪、行为、表情更加关注，并过度思考、猜测背后的原因，经常感觉他人在针对自己，或者对自己不友好，无法很好地接受他人的拒绝或玩笑，进而导致在社交场合中出现退缩行为。最典型的文学形象是林黛玉，经常为了一些他人无心的鸡毛蒜皮的小事而伤心、生气，给人一种敏感、不好相处的印象。

心理学中的敏感——对外界刺激的过度反应,是一种基于生理的特征,我们无法改变,只能去理解和适应,在这个基础上,找到自己合适的生活方式。不过,至少让我们知道一点,那就是内向者喜欢安静,它并不是内向者的一种临时的、情绪性的、可改变的偏好,而是一种基于生理的、持续的偏好。如果下次孩子说想静静,家长就不用猜测"他是不是不高兴?是不是不舒服?是不是不想和我说话"了,因为孩子可能真的只是单纯地想静静,知道和尊重内向者的这一特点,也会减少很多猜忌和摩擦。

> **小课堂**
>
> ### 敏感性和唤醒水平
>
> 如果内向者的基线唤醒水平(即放松状态下的唤醒水平)高于外向者,那么内向者高于最佳唤醒水平的状态要多于外向者。根据艾森克的理论,一方面,总是处于过度唤醒状态会使内向者采取更多的控制或压抑策略,他们回避积极的社会交往,因为这将增强已经过高的刺激水平;另一方面,外向者需要提高唤醒水平,所以总是寻求刺激性的活动,做出一些不受约束的行为。典型的内向者安静、退缩,典型的外向者好动、忙碌。他们这样做是为了使其唤醒水平降低(内向者)或升高(外向者),以维持各自的最佳唤醒水平。

在艾森克的理论发表后的数十年里，许多研究对此进行了验证。如果内向者的皮质唤醒水平真的比外向者高，那么内向者应该表现出脑皮质活动反应的提高，如 EEG 的增强，以及交感神经系统活动的增加，如皮电反应。为了检验这个经典假设，研究者通过在不同的刺激条件下得到的生理指标，对内向者和外向者进行了比较。在无刺激或弱刺激条件下，内向者和外向者之间没有差异或差异很小。但是在中等刺激条件下，内向者的神经系统的反应比外向者更大或更快，这与依据艾森克理论所做的预测一样。内向者和外向者在基线唤醒水平上没有不同，而在中等刺激条件下存在差异，这个事实使艾森克修改了他的唤醒理论。

1967 年，艾森克首次提出他的理论时，并没有对静息水平、唤醒水平与唤醒反应进行区分。现在有大量证据表明，内向者和外向者的真正不同在于唤醒能力或者唤醒反应，而不是基线唤醒水平。例如，当睡眠或闭着眼静静躺在一个黑暗且安静的房间里时，内向者和外向者的脑活动水平没有不同。当给予中等程度的刺激时，内向者表现出了比外向者更强的生理反应。

生活中常说的敏感,即对他人反应的过度关注和思考,是可以改变的,需要从认知改变上入手。这里会使用之前介绍过的情绪 ABC 理论对问题进行分析和解决。

首先,要找到导致孩子敏感的不合理信念是什么。敏感的孩子经常陷入过度思考中,不停地回味着自己在社交中遇到的尴尬、不那么得体的表现、他人的品头论足,这会让他们陷入长时间的担忧、自责或懊恼中,进而对社交产生更深的恐惧,对自己的社交能力产生更多的负面评价。

除了反复、长时间地纠结于社交中的小问题导致消极的后果外,内向、高敏感的孩子还倾向于从消极角度解读他人对自己的态度和行为。这些消极的解读,根源于较低的自我效能感,它们会将社交中的小问题放大而进一步降低孩子的自我效能感,让孩子陷入恶性循环。

通过前面介绍的情绪 ABC 理论,我们知道,要想从根本上解决问题,需要改变孩子对自己、他人、社交关系的认知,以此来调整孩子对于已发生事情的解释倾向。下面我们列举敏感者常见的错误认知,以及我们要如何对抗、纠正这些认知。

错误认知 1:别人不和"我"玩,是因为"我"不够好。

分析:很多人会把他人对待自己的方式归因于自己,总是怀疑自己做错了什么,才被别人欺负;自己不够优秀,才没有被别人尊重。这也是当下较流行的"受害者有罪论",是常见的错误理解。

纠正:别人不和你玩,只是代表他们对你不感兴趣,这并不是谁的错,交友本来就看双方的兴趣、脾气,并不是任何人都可以成为朋友的。不用在意个别人是不是喜欢你,只需要珍惜愿意和你交朋友的人就可以了。同时,现在不想和你玩,也有可能只是目前还没有发现和你的共同点,也许随着互相认识加深,你们会慢慢成为好朋友——交朋友也不是一蹴而就、"一见钟情"的事情。

错误认知 2:某某今天对"我"表现冷淡,是因为他不再把"我"当朋友了。

分析:我们总是倾向于夸大一些事情的普遍性,将一些偶尔发生的事情推广到会经常发生;对于他人的行为,我们也总是忽略偶然因素、场景因素,而归因于他人身上稳定的特质,生活中到处都是这种误会。

纠正:别人偶尔表现冷淡,原因可能是多样的,并不一定是因为你,有可能他只是今天心情不好,有其他心事,没有必要想太多,不要因为自己的猜疑而导致误会,下次再找他问清楚就可以了。

错误认知3:"我"邀请别人出去玩,如果他拒绝了,那么一定是不喜欢"我",不想和"我"做朋友吧。

分析:被拒绝并不是一件丢脸的事情。每个人都害怕拒绝,总是将拒绝和自尊关联起来,实际上在没有其他信息的情况下,被拒绝仅仅是被拒绝而已,可能是因为别人当下没有时间、心情不好,或者对于你的提议不感兴趣,仅此而已。

纠正:别人的拒绝可能是因为暂时的原因,可能因为他确实没有时间,或者家长不让他出去玩,不用想太多,以后再邀请他出去玩吧。

错误认知4:他们的活动没有邀请"我","我"也不应该主动提出想参加,否则会让大家尴尬。

分析:在社交中,主动性是非常非常关键的。很多人会将主动视为一种弱势行为,认为只有别人邀请自己才算有面子。实际上,主动才是强势的一方,代表着有能力创造和抓住机会,将事情朝着自己喜欢的方向推动。其实,不仅在社交中,生活中的其他很多方面,为了自己的利益,我们都需要学会争取机会,而不是等着机会送到面前,自己还半推半就。

纠正:没有邀请你可能只是忘记了,也可能是他们以为你不想参加。如果你真的感兴趣，就去打听一下吧。毕竟总要有一方是主动的，主动方为什么不能是你呢?

错误认知5:"我"刚才不自然的举动一定被很多人看到了，他们现在一定都在心里嘲笑"我"。

分析:很多人在公众场合会有自己时刻被他人注视的感觉，因此在人多的地方显得非常局促，生怕自己某些不优雅的表现被别人看到和鄙视，结果越是这样，越容易因为紧张而出现不自然的行为。实际上，我们只需要回想一下自己在公众场合的注意力在哪里，就会发现其实每个人都会把大部分注意力放在自己和正在进行的交流上，根本没有工夫注意其他人。

纠正:我们并没有"主角光环"，没有多少人会在意你的表现，就像你也没有那么在意其他人的表现一样。偶尔出丑也很正常，就算别人看到了也会很快忘掉——谁有那么多精力去记别人出丑的事情呢。就算被别人记住了又如何呢? 一件小事情罢了，当个玩笑说说也无所谓。

错误认知6:周围的孩子都已经有自己的朋友了，"我"没法融进去。

分析:面对一个小圈子时，我们会感到更加孤独和无助，很多人潜意识会认为小圈子是稳定的，甚至排外的。实际上，社交关系是在不断变化发展的,我们人生中会认识很多新的朋友,也会慢慢忘掉一些老朋友,人生充满了可能性,一个小圈子没有新成员,只能说明暂时没有其他人加入而已。

纠正:不试怎么知道融不进去呢?勇敢加入,如果感觉不舒服,那就退出。我们每个人都是独特的,总会有人因为喜欢你的个性,和你有共同话题,喜欢和你相处,而成为你的朋友的。

错误认知7:别人和"我"开玩笑,嘲笑"我",一定是他们看不起"我",想要欺负"我"。

分析:很多敏感的孩子会过度关注别人的评价,尤其对于负面评价异常在意,哪怕是社交中收到的轻微的"不尊重"信号,也会被反复回忆、思考,进而怀疑自己、贬低自己,产生对社交的恐惧。实际上,这可能只是误解,是偶发的、善意的,并没有那么严重。

纠正:首先,需要区分朋友间善意的玩笑和恶意的玩笑。开玩笑是朋友之间常见的互动行为,有时候甚至代表着关系的亲密。如果是关系一直不错的朋友,完全不用多想,或者可以互相开玩笑,让你们的关系更加轻松、紧密。

错误认知8:"我"和朋友吵了一架,我们的友谊彻底结束了。

分析:儿童思维的一个特点就是,比较容易将一些事情向着极端化处理,有非常多的非黑即白的思维。实际上,世界上大部分的事情并没有那么绝对。吵架并不代表不能接着做朋友,生对方的气也并不能说明这个人以后会变成敌人。

纠正:朋友之间吵架是常见的事情,矛盾也是难免的,很多时候吵架反而会加深彼此的认识,使双方成为更好的朋友。只要你们趣味相投,不愉快都是暂时的,如果你能主动想办法化解矛盾,那就更好了。

对错误认知的纠正,需要在日常生活中进行,它是一个随时可能发生的"润物细无声"的过程。

案 例

前段时间和女儿一起玩桌游,我抽中一张"任务卡",需要说出她的三个优点,我说:"小开心(女儿的小名)非常善良、聪明,而且漂亮。"

谁知道女儿立刻反驳说:"我不漂亮!"这让我很惊讶,因为她一直非常爱美,我想爱美的人一般都会认为自己挺漂亮。

"你为啥觉得自己不漂亮呢?你明明很好看,很多人喜欢你啊?"我想了解一下原因。

"阿蕾说我不好看。"看来女儿对别人的评价很敏感,很容易受别人评价的影响。

我需要了解更多细节,于是又问:"她具体怎么说的?"

"她说我不漂亮,声音也不好听。"

"那你觉得她说的对吗?"

女儿没有回答,我接着说:"有很多人说你漂亮,对吧?爸爸妈妈、爷爷奶奶、老师、同学,很多人都喜欢你。我们在迪士尼玩的时候,还有人想和你合照,对吧?大家都觉得你很漂亮,她一个人说的不算。"

女儿开始笑了,看来"寻找证据"这种心理咨询里用来调整认知的方法是有效的。

我接着说:"我们凭什么让别人决定我们好不好看呢?她的话只代表她的想法,无法决定我们到底漂不漂亮。"我希望女儿可以明确区分他人的观点和现实。

像这种谈话每天都在发生,我们无须煞有介事地组织一个家庭会议和孩子讨论"认知问题",完全可以利用日常有意地把孩子朝着更加积极、乐观、独立的方向引导。

在帮助孩子纠正错误认知的同时,也需要引导他们建立一些正确的认知,以此帮他们理解自己与社会中的其他人的关系,这将成为孩子未来社交思维和行为的基础。社交方面的正确认知主要包括以下几点:

- 平等:我们和朋友是平等的,我们不做任何人的附属,也不要求其他人做我们的附属。

- 互利：友谊是建立在互利基础上的，当然这里的互利并不是物质上的，而是精神层面的。作为朋友，可以相互带来快乐，提供安慰，丰富彼此的生活，这是友谊的基础。
- 有规则约束：社交中存在一些规则，例如相互尊重，不伤害彼此的感情。我们希望得到别人怎样的对待，就应该首先以同样的方式对待他人。
- 友谊往往建立在共同点或者相互欣赏、吸引的基础上：生活充满可能性，我们和很多人都有机会成为朋友，但是最好的友谊一定是建立在各种"相似性"、相互欣赏之上的，相似性让朋友间的相处更加容易、舒服，相互欣赏能够促进彼此间的帮助与成长。

第四节　内向的孩子更加谦逊，可以引导他对自己"公平"一些

前面介绍了如何帮助孩子建立自己和他人关系的正确认知，下面我们来介绍如何建立关于自己的正确认知。对自己有合理的评价，学会展示自己，学会表扬自己，这会让孩子在社交中表现得更加自信和积极。

每个人都有美化自己的倾向，这在心理学中叫自利偏见。研究发现，80%以上的人会认为自己的智商、样貌、才华高于平均水平。显然，其中很多人"自我感觉"太好了。自利偏见并不是狂妄自大的缺点，相反，它是很重要的维持心理健康和行为动力的因素。对自己的美化，可以让我们更加乐观，愿意接受有挑战的任务，不易因为挫折而气馁。

然而，内向性格的很多因素，会导致孩子对自己的评价更加"客观"，甚至低于真实水平。这虽然比较符合传统道德观念中

所提倡的谦虚、内敛和常思己过的品质，在一定程度上能够促使人提升自我，但有时候确实不利于提升人的幸福感和积极性。自我价值感较低的人，会表现得没有自信、退缩，不敢挑战困难，不敢维护自己的利益。

例如，很多小朋友之所以在社交中没有自信、不积极，是因为他们认为自己太普通了，不会受欢迎。他们没有看到自己的优点，没有认识到会有很多同龄人愿意与自己做朋友。我们需要做的是，帮助孩子找回自信，即基于事实引导孩子发现自己的优点和价值。

> **小练习**
>
> **了解孩子对自己的评价**
>
> 请孩子列出自己的优点，思考并说出自己的好朋友为什么喜欢和自己相处。然后，请孩子列出自己的缺点，思考并说出为什么有些小朋友不喜欢自己。

健康的自我认知，是建立在自己对生活、自身、经历深入思考和总结基础之上的。我们可以从以下几个方面帮孩子建立更加合理的自我认知。

接纳自己,尊重自己

每个人都是独一无二的,是各种非常复杂的特质组合在一起形成的综合体。很多人因为自己的缺点而感到自卑,其实人无完人,有缺点很正常,但需要注意的是,我们不能因为自己的某些缺点而贬低自己、否定自己,而应该用整体、发展的眼光看待自己。只要我们有着一颗让自己变得更好的心,那么个别缺点并不会影响我们成为一个值得尊敬、爱护的人。

人是可以改变的

人生的路很漫长,尤其对于儿童、青少年来说更是如此。对于孩子来说,暂时的问题、缺点未来会有很多机会去解决和改正,我们完全可以把它们当作数学、英语这些需要去学习、练习的课程。要知道,人不是天生就会加减法和英文的,那为什么要求人天生就会交朋友、演讲呢?只要我们愿意学习,愿意改变,那么这些问题终将会被解决。

坚持做自己

往更深入的层面说,我们总是按照社会流行的标准来要求自己,希望自己可以变成他人眼中"完美"的人——乐观开朗、左右逢源,受到所有人的欢迎。然而,这是我们自己吗?我们在决心改变自己之前,需要想一想自己内心想要的是什么,而不是盲目地根据外界的要求来改变自己。也许只和一部分人交朋友,不在意其他人是否喜欢你,就是最舒服、获得最大社交价值的情况,谁知道呢,答案只在自己心里,就像动画片《功夫熊猫》,主角和反派奋力争抢的、可以让人成为神龙大侠的卷轴,实际上只是一面镜子——变成大侠,你只需要真正看清自己。

> **小课堂**
>
> ### 归因理论
>
> 在心理学中,"归因理论"是指人们解释身边发生的事情的归因倾向。每个人都有自己比较固定的归因风格,具体分为内部/外部、可控/不可控等。内部/外部是指将问题的原因归结为自身,还是环境和他人;可控/不可控是指将问题的症结视为可以被控制和改变的,还是固定不变、无能为力的。总共有四种归因类型:外部—可控归因;外部—不可控归因;内部—可控归因;内部—不可控归因。
>
> 人的归因是有习惯的,这种习惯可以看作一个人比较稳定的特性。有人在发生事情时就喜欢将原因归结于外部—不可控,例如没有朋友,便认为是周围的人不好,环境不好,甚至是学

校不好造成的。而有些人喜欢内部—可控归因，他们认为主要原因还是自己不够主动，自己和他人交流的方式不好等。

这两种归因方式虽然很普遍，但导致的个人处理问题的心态和结果却是截然不同的。

外部—不可控归因的人倾向于怨天尤人，消极怠工，既然是外部因素引起的，那么没有"我"的责任，"我"不需要因此去努力和改变；既然是不可控的，那么"我"也没必要为此采取什么行动，听天由命吧！这种人一般比较被动，抱怨多于行动。

而倾向于内部—可控归因的人会积极改变自己，既然问题出在自己身上，并且是可控的，那么为了生活更加美好，当然要努力去改变和提升自己，争取解决问题。这种人一般比较向上，心态也会比较健康。

除了以上两种情况之外，还有外部—可控归因和内部—不可控归因。

例如请家教补课一个月发现效果不好，外部—可控归因的小朋友会想"可能是这个老师不好，换一个老师试试吧"，或者"这个老师的教学方法可能不适合我，我要跟他说明我的特点，让他针对我的特点好好教我"。而内部—不可控归因的小朋友则会想"我太笨了，智商不行，怎么也学不好"。

> 可以看出来，外部—可控归因的人也会比较积极地解决问题，想办法改变不如意的现实，这种人会比较有"侵略性"，把问题归结在别人身上并且想通过改变他人来获得成功。内部—不可控归因的人则比较悲观，因为问题出现在自己身上，并且是不可控的，不能通过努力改变的，所以就会放弃，认为自己不可能把事情做好，同时也会伴随着自卑等消极情绪。
>
> 上面四种归因，我们每个人都会多少倾向于其中一种，形成的原因也比较错综复杂，涉及个人经历、家庭教育等。

了解了"归因风格"理论后，我们就可以在和孩子的交流中多关注他对问题的归因了。如果发现归因不客观、不积极，可以通过耐心引导，逐步帮他改善。

引导孩子的第一原则是实事求是。如果一件事情确实受到的外部、不可控因素影响巨大，例如彩票是否中奖，那么一定要尊重基本事实，不要狂妄地认为"自己是命运的主人"，可以掌控一切，这样只会让人陷入连续的挫败和无用的时间浪费中。

引导孩子的第二原则是增强掌控感。如果不是违背基本事实，那么尽量引导孩子往内部—可控因素上想，这样孩子能够产生更多控制感，也更加明确自己可以通过一些行动将事情向着自己期望的方向推动。掌控感,是维持一个人心理健康的关键因素,很多抑郁或焦虑患者,都是从失去掌控感开始的。同时,我们也需要记住不要让孩子在做内部归因的时候产生挫败感,即"原来这些事情都是因为我自己的原因导致的,我好失败啊",而是要有"又发现了一个可以改进的地方"的兴奋、积极的心态。

第五节　内向的孩子更加谨慎，可以陪他一起去冒险寻找"安全友谊岛"

相对来说，内向的人往往比较谨慎，在做事前考虑较多、担心较多，对于潜在的危险因素更加敏感。这种特性有坏处也有好处，可以说是缺少冒险精神，同时又可以说是"考虑周全"。任何特性都有合适的场景，在高风险的场景下，谨慎是非常好的，但是在日常社交这种基本没有风险的场景下，谨慎就会让人错失很多和他人成为朋友的机会。

高敏感的人总是提前考虑好每个细节，想象所有可能的风险，并准备好对应的解决方案。

进入一个完全陌生的环境，他们会先等一等，看一看，思虑周全之后再行动。

高敏感的人在说话做事之前总是先仔细观察，认真思考。在开始一段对话之前，他们可能已经想了很多："如果他拒绝了，我就这样做；如果他看起来比较高兴，那我就……"行动之前，他们可能已经把所有可能的结果都考虑了一遍。高敏感的人不仅擅长想象可能的结果，还常常能预想出可能出现的问题。不过，这虽然会让他们降低出错的概率，但也会降低他们对事物的接受速度，因为他们总是花太多时间去担心可能的风险。

所以，家长需要鼓励孩子在社交中表现得更加勇敢，减少谨慎对孩子行动的抑制作用。

一般来说，谨慎来自不安全感，而不安全感大部分来自陌生、未知性。再谨慎的小朋友，在自己家里也一定是放松和顽皮的。那么作为家长，需要做的就是想方设法让孩子去体验和理解更多的自己不熟悉的社交场景，这样做一方面可以将这些社交场景变成孩子熟悉的场景，减少陌生和未知带来的莫名恐惧；另一方面，帮助孩子分析，他之前对于这个场景的谨慎来自哪些因素，之前对这一环境的自我认知现在看起来是否非常不合理，通过挑战不合理的认知倾向，来帮助孩子塑造正确的对社交的认知——即使是"我"不熟悉的社交场合也并不可怕，其实大部分人都是友好的，不会有人等着看其他人出丑，再说，即使出丑也没有什么关系，并不是什么大事。慢慢地，孩子就可以自如地参加更多的社交活动，并且不再因为不合理的对于社交的理解而过度防备、谨慎了。

第六节　如果孩子对社交缺少兴趣,怎么办

同样是"不喜欢交朋友",有些孩子是因为紧张、缺少技巧,有些孩子却是因为感觉自己不需要交朋友,感受不到交朋友的快乐,这是两种完全不同的问题,我们需要区别应对。

在分析孩子的"社交动力"时,可以把它简化成物理学中的运动受力分析,即动力=推力-阻力,具体来讲:

- 推力:父母的鼓励、孩子内在的社交需求等。
- 阻力:对社交的焦虑、部分同龄人的排斥、社交技巧不足等。

推力越大、阻力越小,那么孩子社交的动力就会越充足。我们要做的所有事情,归根结底就是将推力变大,同时减少阻力。前面我们介绍的大部分内容属于如何减少阻力,下面我们说说推力。

最有效、最持久的推力,就是孩子内在的对于社交的需求。

而部分内向的孩子之所以不愿意社交,并非因为受到了排斥或者对社交存在焦虑,而是对社交这件事情的兴趣较少,他们更喜欢待在自己的世界里。面对这种情况我们该怎么办呢?

首先,了解清楚,为什么人们对于社交的需求会有所不同,为什么内向的人对社交更容易缺少兴趣和热情。家长可以看看自己的孩子是出于什么原因,根据具体原因来想办法才会更有效。内向孩子对社交缺少兴趣主要有以下几个原因:

- 生理上的敏感性:内向者喜欢独处、沉思,相比外向者,他们从独处上可以获得更多快乐。
- 缺少积极的情绪体验:对很多事情都缺少兴趣,就是人们常说的"高兴不起来"。
- 精力不足:需要较长时间的休息来恢复精力,不能应对长时间的活动。

面对不喜欢社交的孩子,家长常见的方法不一定奏效,这里提醒各位注意:

- 不要毫无计划地强迫孩子去社交:内向的孩子需要更多独处和思考的时间,这是由他们的神经系统决定的,这一点无法改变。在接收大量外部信息后,由于内向孩子的神经系统更加敏感,因此他们需要更长的时间来"恢复精力",让自己的神经系统恢复到较低的自己舒适的状态。在孩子没有准备的时候逼迫他们去社交,只会让他们感到压抑,进而抵触。我们需要按照孩子的节奏和他商讨好一个可行的计划,让他为社交做好心理和精力上的准备——内向的孩子喜欢有计划性的生活。

- 不要在孩子没有做好准备的情况下,强迫他参加太有挑战性的社交活动,而应该循序渐进,逐步提高难度。

帮助缺少社交热情的孩子对社交产生兴趣,我们推荐做好以下几点。

第一,约定好每周、每月的社交任务

任务的设计需要遵循 SMART 原则:

- S(specific):目标需要具体、明确,而不是模糊的、有多种解释的目标。例如"参加社交活动"就不是一个好目标,相比之下,"参加学校组织的课外活动,并主动认识一起参加的同学"就更加具体。

- M(measurable):对于是否达到目标,目标中需要有可以量化衡量的指标,而不是有很大的弹性,无法确定是否真正完成。比如"多多参加社交活动"不是一个好目标,而"本周至少参加两个课外社交活动,并且邀请三个朋友到家里玩"就更加符合可衡量的原则。

- A(attainable):目标不能脱离实际,需要有挑战性,同时

具备可完成条件。比如"成为万人迷"显然不是一个好目标,"认识三个新朋友"更具有可实现性。

- R(relevant):每周的、短期的目标,需要和最终目标有强关联。我们最终希望孩子能够在社交中更加自信,从中获得更多快乐和支持,那么就要围绕这个来设计短期目标。

- T(time-bounding):有明确的完成时间。

和孩子一起制订好每周每月的社交任务计划,并坚持完成,有可能在一段时间之后,孩子会自己体会到社交的快乐,进而对社交产生更多兴趣。

第二,提前规划,创造适合的社交环境,包括活动内容、社交对象

作为成年人,我们也知道对于社交来说,其实环境、对象都非常关键,要不为什么约会要精心选择地方呢?对于孩子社交,尤其是年龄较小的孩子,也需要我们挑选合适的地点、活动和社交对象,最好是孩子熟悉、喜欢,能够感到快乐和放松的地方,在此基础上和与自己差异不大、能够友好相处的人在一起。

第三,保持精力充沛

内向的孩子更容易感到疲劳,这种疲劳有可能是生理上的,

也有可能是精神上的。对于外向者来说，社交会让人变得兴奋、消除疲劳，而对于内向者来说，社交反而是一件消耗体力和精神的事情，会加剧疲劳，所以我们需要确保孩子在社交前有充足的休息，保持良好的状态，这样才能更好地享受社交的乐趣。

第四，从打电话、线上社交开始

线上社交无法替代线下社交，但是也可以作为比较好的开始和补充，毕竟线上社交也有很多优点，例如不容易引起紧张，可以随时随地联系，时间比较灵活等。如何好好利用线上社交，在下个小节会重点介绍。

第五，持续加深社交关系

在社交中，最有价值的是建立深入的友谊。结交一个无所不谈、相互关心的好朋友，比认识一堆普通新朋友更有价值。我们可以引导孩子和爱好、性格比较匹配的朋友进行更多互动，加深感情。如果能够交到一个挚友，那么我相信任何孩子都会喜欢上社交的。

第七节 线上社交，也是一个不错的选择

在科技如此发达的今天，社交早就不限于线下、当面的交流了，让孩子通过手机和网络进行社交，也是一个不错的选择。前面说了很多内向孩子在社交中表现出的特征，其实这些会影响孩子社交的特征在线上社交环境中很多就不存在了，所以线上社交是一种比较适合内向孩子的方式。当然需要注意的是，线上社交只是线下社交的一个补充，或者练习，不能替代线下社交，最终还是要回归到线下。

相比线下社交，线上社交有很多明显的缺点，这些缺点在追求高效、深入交流时会成为非常明显的障碍。然而对于内向者来说，它们反而可能成为有吸引力的优点。

第一，线上社交缺少当面社交中的视觉、听觉等因素，会因此减少焦虑或紧张

很多时候，内向的人在社交中之所以紧张，是因为害怕和

别人面对面,当和别人在一起时,他们会过度关注别人的表情,尤其是负面表情,这会给他们带来压力。同时,他们善于"自我监控",他们总是考虑如何在对方面前表现出得体的行为和表情,这也更容易让内向者紧张、精疲力尽。而在线上社交中,尤其是仅通过文字或者语音的社交,可以让内向者更加自在、放松。

第二,线上社交的时间压力较小,不用及时作出反应,可以更好地组织内容

在当面交流时,我们需要对别人的话做出及时反应,这个反应的时间一般仅有几秒钟,超过这个时间可能就会让人感觉尴尬、奇怪,这无疑会给人带来压力。而微信、QQ等"即时聊天"工具的一个"优点",恰恰是用文字交流时可以不"即时",合理的反应时间被拉长到分钟级别。我们可以有更长的时间思考如何回复,在梳理思路、平复情绪的基础上措辞,没有时间压力,可以更加放松。

第三,线上社交的跨地域性扩大了社交范围

在线下社交中,交流对象受到地理位置的极大影响,很多时候住址靠近才有机会成为朋友。而在线上完全没有这种限制,

我们可以认识全国甚至全球的网友,这就拓宽了我们的选择,让我们更有机会遇到"知音"。有些孩子虽然内向,但是谈论到自己非常喜欢的话题,也会很兴奋和健谈,而线上交流让他们更容易遇到这种有共同兴趣和话题的人。

第四,在虚拟世界中,人往往更容易展示自己平时不愿意展示的一面

每个人在生活中都会扮演自己认为合适的角色,这个角色在不同场景中也会变化,即使是亲密的家人、朋友,我们也有未曾向他们展示的一面,可能是因为他们无法理解,也可能是因为我们羞于展示,长此以往,我们便会产生"没有人真正理解我"的感觉。内向的人更是如此,他们往往不愿意在周围人面前展示自己,因此也更容易感到孤独。而在线上交流时,因为关系仅限于线上,不会延伸到线下生活,我们可以更加没有顾虑地进行自我展示,进而给自己带来更多倾诉、被理解的快感。

第五,可以在线上社交中塑造一个更好的自我,进而获得对方喜爱

很多内向者在社交中会表现得不自信,主要来源于外表、穿着等。而在线上社交中,我们可以塑造理想中的自己,不必局限

于现实生活,这更容易让内向者感到自信,从而更主动地去社交。

虽然列出了这么多线上社交的优点,恐怕很多家长还是会认为孩子不应该寻找网络中的友谊,毕竟使用电子设备对视力和自控能力的损害、沉迷网络对生活和学习产生的影响,是反复被提起的事情。没错,我们一定不能让孩子沉迷网络,或者过度依赖网络进行社交,但也没有必要因噎废食,对网络进行合理利用即可。作为家长,具体我们可以这样做:

用网络联系现实中的朋友。如果孩子有一些特别好的朋友,但不是每天都可以见面,那么使用网络可以帮助他们维持亲密感,交流日常生活和兴趣爱好,让友谊不会因为见面时间减少而变淡,何乐而不为呢?

将线上社交作为一种补充。线上社交不能取代线下社交,因此需要控制时间,另外,还要注意让孩子形成正确的认知:相比线上社交,现实中的关系更加牢固和紧密,最好的友谊还是需要在现实中寻找的。

将线上社交作为一种练习。线上社交是为了更好地进行线下社交,在线上社交中积累的各种技巧、经验、自信,都可以迁移到线下社交中。

控制范围,避免接触一些不好的群体。网络给天南海北拥有同样爱好的人提供了方便聚集的平台，同时也给一些不好的群体提供了不易被发现的空间。孩子现实交友的范围有限，而在网络上则会更加自由。作为家长，确实需要防止孩子接触网络中的不良信息和群体，沾染不好的习惯或思想。当然，在做这件事情的时候需要小心、有技巧，毕竟没有人喜欢被审查、被限制，搞不好反而容易引起孩子的逆反和疏远。

第四章

知心朋友在哪里
——帮助孩子找到自己的择友标准

第一节 坚持自己的择友标准不等于"挑剔"或"矫情",它是高质量友谊的保障

朋友对于人的影响是非常大的,我相信很多成年人都能回忆起成长过程中因为"交友不慎"而沾染了坏习惯、做错事的经历,而中国自古就有千金买邻、孟母三迁的故事,它们告诉我们,作为家长,需要引导孩子结交合适的朋友。那么,朋友究竟是如何影响一个人的,又该如何选择合适的朋友呢?

> **小课堂**
>
> **同伴压力(peer pressure)**
>
> 有一个心理学概念可以比较好地解释人是如何受朋友影响的,这个概念就是同伴压力。
>
> 作为有非常强烈的社交天性的动物,人类天生就具有群体性,具体表现为渴望获得群体的认可、接纳,而获得群体认可的一个方法就是模仿群体中流行、推崇的行为,认同群体的主流

> 思想，因为群体都是天然排斥"异类"的。在被排斥的恐惧、受欢迎的渴望的共同作用下，形成了一种压力，这种压力促使一个人改变自己的行为和思想，这就是同伴压力。
>
> 同伴压力学龄前就会出现，在青春期会更加明显，青少年在还没有发展出比较稳定、独立的自我时，非常容易受到外部影响。需要注意的是，同伴压力是个中性概念，群体有好坏之分，那么同伴压力的结果也一样。有些群体会认为打架很酷，有些群体会认为知识渊博很牛，群体的判断标准特别容易影响孩子的价值观。

面对同伴压力的影响，可以从内、外两个方面帮助孩子减少负面影响，增加积极影响。

从外部来说，需要学习孟母三迁，尽量创造好的环境，提升认识更多更"好"的朋友的概率。首先，需要对"好""坏"有正确的认识，朋友、群体的好坏，并不能用简单的经济条件、社会背景来衡量，过于狭隘的价值观无助于孩子形成开放的思维，进而成长为有宽广心胸的人。其次，学习孟母三迁，并不意味着我们需要大费周章地搬家或转学，最好的朋友可能就在身边，来自邻居或同学，在大城市尤其如此。父母可以帮助孩子创造条件，通过参加课外活动、线下聚会来认识有趣、有益的朋友。

从内部来说，需要引导孩子形成正确的择友标准，使他们自己能够判断应该亲近谁、疏远谁。毕竟父母不能也不应该成为粗暴干涉孩子生活的"控制狂"，父母也无法一个个地为孩子筛选朋友。"授人以鱼不如授人以渔"，从根本上讲，我们需要做的是教会孩子自己去筛选。出于对孩子的尊重，在孩子的朋友选择上，父母应该以方向上的引导为主，而不是粗暴地制止孩子，告诉他"不要和某某一起玩"，这样做不仅会让孩子反感父母的建议，甚至可能会疏远我们。父母需要耐心和孩子交流，和他们共同探讨科学合理的适合自己的择友标准。

这里需要注意的是，虽然朋友对孩子的影响很大，我们也要注意干预的方式方法，千万不要成为事无巨细地干预孩子的父母，这不仅可能会让孩子反感、叛逆，甚至可能会让孩子失去自主性和独立性，变成没有想法、主见的人，对孩子未来的发展和幸福感都有非常大的负面影响。如果能交到优秀的，能给自己很多助力的朋友当然是好事。但真正内核强大的人，也不会一味地挑挑拣拣，而是会善于发掘身边不同人的闪光点。我国儒家思想提倡的"善与人同"就是这个意思：不要求身边每个朋友都十全十美，既应该多去发现别人的优点，也可以试着积极地用自己的优点去感染和影响他人。苏东坡就是这样一个

知心朋友在哪里——帮助孩子找到自己的择友标准　第四章

人,他曾经说:"吾上可以陪玉皇大帝,下可以陪卑田院乞儿,眼前见天下无一不好人。"正是这样宽容的心态造就了苏东坡快乐、豁达的人生。所以在鼓励孩子去交更多优秀朋友的同时,也要提醒孩子不要看不起身边已有的,看起来普通无奇的朋友。要多引导孩子欣赏身边不同人的优点,因为它们才是孩子实际拥有的社交财富。

父母在择友方面更适合做一个引导者,通过环境的创建、潜移默化的影响,来让孩子建立合理的标准,而不是自己下场去做孩子朋友的"审核员"。

第二节 如何帮孩子确定适合自己的择友标准

理想的朋友是什么样的？

世界上并不存在完美的人，孩子同样也不完美，父母需要教会孩子寻找合适的、和自己匹配的朋友，而不是完美的朋友——这点倒和寻找终身伴侣很像。那么，什么样的朋友才是合适的或者和自己匹配的朋友呢？需要考虑以下因素。

第一：性格

找相似的，还是找互补的？我们的建议是，两种朋友都要有。相似性格更容易互相理解，但也容易因为相似的缺点而产生矛盾。相似的朋友就像一面镜子，可以帮助孩子从朋友身上看到自己，从而更加理解自己，清楚自己有哪些缺点，进而改正。互补性格的好处是能看到和自己不一样的人，对于孩子来说，这是非常好的学习机会；缺点则是两个人的频率可能比较难以"共振"，共同的话题、都喜欢的活动可能比较难找。相似和互补都有优缺点，少了任何一种都不够丰富，所以我们建议不要通过性格来筛选朋友，反而要注意两者兼顾。

第二：品质

我们在引导孩子选择朋友时，最重要的筛选条件是品质，对方要善良、真诚。善良，即不会欺凌他人，不会损人利己，"不以恶小而为之"；真诚，即对朋友不是表面一套、背后一套，对朋友没有恶意隐瞒或算计。孩子通常不会隐藏，是否有好的品质其实很容易通过言行观察出来。如果孩子周围有不符合这个基础标准的，要尽量远离。

第三：友谊的基础

任何友谊都是有其基础的，而这个基础并不一定都很坚实。不坚实的友谊基础包括：

- 肤浅的共同点，比如物理距离较近，由共同好友建立的友谊等。
- 一方处于明显的附属位置，其友谊主要通过牺牲一方利益来维系。

- 凭借短期利益或社交活动建立起来的友谊，即大家常说的"酒肉朋友"。虽然孩子之间不存在字面意义上的酒肉朋友，但是也有类似的，例如因为某个小朋友家里有好玩的游戏机而建立起来的友谊，因为某个小朋友喜欢分享零食而建立的友谊等。

坚实的友谊基础包括共同的兴趣、爱好，共同的目标、志向，共同的经历，相似的"三观"等。

健康和可持续的友谊，一定是建立在坚实的基础上的。并不是说不坚实的友谊是坏的，要立刻放弃，很多长久的友谊都有一个不起眼的开始，我们需要将其尽可能地转化为坚实的友谊，为此，我们需要寻找更深入的共同点。至于如何深化友谊，我们在后面章节会介绍。

第四：社交风格的匹配

即使一个同龄人善良，与自己有共同爱好，也不一定是个合适的朋友，也有可能会因为社交风格的不同而难以相处。人与人之间的相处是很微妙的事情，有些人即使有很多共同点，也总是会产生摩擦；有些人明明差异很大，彼此却能够产生相见恨晚的感觉。这里存在很多难以说清的影响因素，所以我们总是用投缘这种玄妙的词汇来描述。判断风格是否匹配也不难，双方都在展示真实自己的前提下，如果还能够比较舒服地相处，而不需要任何一方改变或迁就，那就说明风格匹配。

需要特别说明的是，父母在引导孩子选择朋友时，有一些不应该过多考虑的因素。父母不应该以是否受欢迎作为筛选朋友的标准，更不应该仅仅因为一个小朋友受到群体的排斥，而去刻意疏远和冷落他。经济条件、生理缺陷、外表等，将这些肤浅的条件作为筛选朋友的标准，无益于孩子成为一个善良、有格局的人。

以上是作为成人梳理出的标准，了解并认可这些标准只是第一步，下一个重要步骤就是引导孩子接受这些标准，并在自己实际的交友中应用。这一步比较考验与孩子交流的技巧，我们无法指望像和成年人交流一样简单地列出这些标准，就让孩子铭记在心，而是需要在很多次的关于社交、朋友、校园里发生事件的沟通中，慢慢将这些理念传输给孩子。

案　例

即使是幼儿园的小朋友，也有非常丰富的社交生活，他们能说出班级里谁最受欢迎，谁最被讨厌，谁和谁是最好的朋友。我就经常用闲聊的方式，和还在幼儿园的女儿讨论她的社交故事，对于关键的事情，我会多询问女儿的看法和理解，如果从中识别出不合理的信念，就会轻描淡写地去引导和纠正，让女儿逐渐形成对于择友标准、社交关系等话题更加合理、积极的认知。

我:"你们班谁最受欢迎呢?"

女儿:"阿泽最受欢迎,大家都喜欢他,老师也喜欢他。"

我:"为什么大家喜欢他呢?"

女儿:"因为他很聪明,他喜欢学习,画画也很好看。"(看来从幼儿园开始,孩子们的社交偏好就受到了学习的影响,这里很可能也受到了老师的影响。用学习来衡量一个人是否可以做朋友,这种方法是否正确,对于幼儿园的孩子来说太复杂了,我就不引申了。)

我:"喜欢学习的孩子确实很棒,你也很爱学习呀,你可以努力赶上她,这样大家也会更喜欢你。"

女儿:"嗯。"(女儿对超过阿泽这件事情,显然没有十足的自信,没关系,自信的形成是长期的,一点点慢慢来。)

我:"那你在你们班受欢迎排第几啊?"

女儿:"第三,第一是阿泽,第二是小罗,第三是我,第四是……"(女儿一口气说到了第十六,看来对幼儿园的小朋友来说,社交是一件很重要的事情。)

我:"看来你很受欢迎啊,真厉害,你觉得为什么大家喜欢你?"(看起来女儿的自我认知很好,有比较高的自我效能感,这很好,不过我还是想了解她是如何认识自己受欢迎这件事情的,这也很重要。）

女儿："……"（女儿好像并不能很好的总结、归因,这对于一个幼儿园小朋友确实有些难度。）

我："应该因为你是一个很善良的人,你对朋友很好；而且你很有趣,和你一起玩很高兴,而且你也很爱学习,对吧？"（女儿很爱美,每天都要穿漂亮的衣服,我故意没有说"因为你很漂亮",就是不想让她认为外表是别人喜欢她的原因。）

女儿："对,哈哈哈,大家都喜欢我。"她一边说一边蹦了起来。

我："那你们班谁最不受欢迎,大家不喜欢谁？"

女儿："小闹闹,大家都讨厌他,老师也不喜欢他,没人跟他一起玩。"

我："为什么大家都不喜欢他呢？"（我希望女儿对"一个人为什么受欢迎/不受欢迎""我应该和什么样的人成为朋友,远离什么样的人"有正确的认知,所以需要了解更多。）

女儿："因为他很调皮,他不仅欺负别人,还总骂人。"

我："原来是这样,那他这些习惯确实不好。他欺负别人,没有礼貌,这样会伤害别人,大家都不想受伤害,所以才不和他一起玩。如果他还想有朋友愿意和他玩,就得先改正自己的缺点才行。"

要让孩子有正确的认知,不是一朝一夕可以完成的,经常进行类似的对话,可以在潜移默化中让孩子知道什么是合理的,有了正确的认知作为基础,孩子的社交就不会有很大的偏差。

第三节 和外向的孩子做朋友，优化自己的社交技巧

我们鼓励孩子的朋友更加多样，不能因为自己是一个内向的人，和内向的朋友在一起更加舒服，就只和内向的孩子玩。外向的朋友对孩子来说也非常重要，因为孩子可以从外向朋友身上看到不同的行为，了解更丰富的社交可能性，也能通过观察、学习来优化自己的社交技巧。

作为一个内向的人，我从小就喜欢和内向的朋友待在一起，我们放学后一起看书、看动画片、打篮球，大部分时候我们都很安静，这让我感觉很自在，时隔多年，我还会很怀念那时候悠闲的时光。同时，我也有几个关系很好的外向朋友，偶尔会跟在他们后面做一些小时候看起来"很刺激"的事情，它们至今让我印象深刻，给我平静的生活增加了很多乐趣。

我在和外向朋友一起玩的时候,看到了很多和自己不一样的东西,让我有种"原来还可以这样"的感觉——他们会"没有边界感"地开玩笑,会相互之间打打闹闹,刚开始不适应,习惯之后才知道原来不拘束可以这么开心;他们遇到年龄相仿的人都可以一起玩,遇到踢球的陌生人,只需要问一下是否可以加入,大概率就可以畅快地踢一场球了,而我们内向者往往需要提前计划好、约上朋友、带着自己的足球,少了一些意外、随性的快乐;他们总是有很多想法,去做这个,去做那个,内向的我听到之后会想"这真的好吗?被大人知道怎么办",他们让我体会到了小小的打破规则的爽快感觉。

和内向的朋友在一起很舒服,但是外向的朋友让我学到了更多——灵活性、松弛感、主动性、掌控感等,所以我也会鼓励自己的孩子多和不同类型的人交朋友,它可以让孩子通过观察、感受进行社交学习,它可以和父母的教育引导相互促进。父母可能会担心,自己孩子内向,会不会被外向的孩子欺负?是有可能的,不过这也是练习的一部分,父母做好观察,适当的时候介入就行,毕竟如何面对强势的人也是孩子需要学习的。

案 例

我女儿最近认识了一个外向的朋友,在和她的交往中,女儿有一些苦恼。例如她的朋友总是很有想法,什么事情都要"做主"，她们在一起的时候，玩什么总要听她的，女儿就像个"小跟班"一样。

女儿向我抱怨："苗苗总是让我跟着她，她去哪里我就要去哪里，但有时候她又会说'不要跟着我'。"

我："你想玩什么也可以说呀，不用什么都听她的。"

女儿："可是她不听我的。"

我："如果苗苗想玩的东西你不想玩，她会怎样？"

女儿："她会拉着我不让我玩别的，或者她就自己去玩。"

我："你也可以坚持你想玩的东西，你可以和她商量，自己的想法也很重要。"

认识到需要培养女儿坚持主见后，我周末特地带她去了上海一个比较大的商场，让她带着我逛街，我跟在她的后面，让她享受掌控感。偶尔我会故意提出不同意见："这个店没意思，我不想去，我想去找奥特曼。"

女儿："不行，你必须听我的，我去哪里你就要去哪里。"

我："我觉得不好玩，你要说服我才行。"

女儿："这个店很好玩，你看有很多吃的和文具，我要去看一下文具，你也喜欢文具的，对吧？我们可以一起买，而且这里面也有奥特曼。"

我就跟着她进去了。她很开心自己可以做主,我也很开心她不仅展示了自己的主见,并且开始学着坚持自己的主见。更可贵的是,她可以通过一定的技巧来沟通、说服他人,而不是简单的"就要听我的"!

第五章

破冰,如何面对"陌生"

第一节　如何破解与陌生人交流或融入陌生环境的紧张感

内向者的一个典型特征就是，面对陌生人、陌生的环境会显得格外紧张，很难自然地和陌生人交流或者融入新的环境，而这恰恰又是我们生活中很重要，或者必要的。对于陌生人和陌生环境的不适应、紧张感，通常源于下面几个原因。

原因一：敏感且不自信

内向者往往对于各类信号过于敏感，担心自己被拒绝或尴尬出丑，从而变得更加畏首畏尾，顾虑重重。很多孩子都有"站在舞台中央"的错觉，尤其是在幼儿园、青春期两次"自我意识大发展"期间，会将更多的注意力放在自己身上。过度的自我关注，会导致一个人总感觉大家都在关注自己，由于害怕自己展示出的任何方面会被他人轻视、取笑，因此，他可能会抑制自己的社交需求,进而在陌生环境中表现得比较封闭。

原因二:对于陌生人和陌生环境的不理性的恐惧

每个孩子,多多少少都会在社交中遇到一些不愉快的事情,例如被陌生小朋友抢玩具、推搡,被陌生团体拒绝,主动得不到回应等,这些挫折对于外向孩子来说也许不算什么,可对于内向孩子来说,可能就不那么简单了,它们可能会造成孩子对陌生人和陌生环境的不信任,甚至恐惧。虽然同样的事情发生的概率并不高,但这种对于类似事情发生的担忧被非理性地泛化了,所以对内向孩子的影响还是比较大的。

原因三:缺少技巧和练习

没有有效的社交技巧,就像要考试的时候没有做充分的复习准备一样,这种情况下人们往往会感到手足无措、紧张不已。

接下来,需要从这三个方面着手解决问题。

如何应对敏感和不自信

在第四章已经介绍过如何使用认知行为技巧来改变与过度敏感相关的错误认知,进而形成对自己和世界的客观的看法,现在可以针对"因敏感在面对陌生人和陌生环境时紧张"这个问题进行练习。

> **小练习**
>
> ### 挑战不合理的敏感
>
> 找一段空闲时间,准备好纸和笔,与孩子一起讨论,并做记录。
>
> a. 回想最近一段时间,在面对陌生人、陌生环境时,是否有紧张无措的感觉,详细描述当时的情况、感受。
>
> b. 尽可能多地列出在当时情况下产生紧张情绪背后的原因。
>
> c. 从以上原因中,挑出因为"敏感"这个特质而导致的原因。
>
> d. 挑战这些"因为敏感所以紧张"的因果关系中包含的不合理的信念、认知。
>
> e. 和孩子讨论:类似情况下什么样的信念、认知才是正常、健康的?
>
> 举个例子:
>
> a. 场景描述:上周末去参加爸爸的朋友聚会,聚会上有大人,也有年龄一样大的几个小朋友。爸爸让"我"去和大家打招呼,"我"感觉特别紧张,脸红心跳,特别不想去,说话声音也特别小。
>
> b. 原因分析:那些大人和小朋友我都不认识,"我"不知道自己跟他们打招呼他们会怎么回应,是不理"我",还是跟"我"开玩笑呢?这两种情况"我"都会更加尴尬,"我"不希望自己在那么多人面前这样尴尬。

c. 定位敏感问题：担心别人的回应，担心自己会尴尬，这些都是因为敏感。

d. 指出错误认知："我"因为可能出现、也可能不出现的尴尬而提前感到害怕，明显是不合理的。

e. 纠正错误认知：从以往经验来看，别人真的让"我"尴尬的行为出现的概率其实很低，没有必要杞人忧天。

真正和孩子一起分析时，可以比这个更丰富，场景描述可以加入更多细节，原因分析可以列举更多，后续的问题分析也可以更加深入。

相信通过这个小练习，家长和孩子都可以更加了解为什么孩子面对陌生人会紧张，以及下次遇到类似的场景，如何避免因为一些错误认知而导致莫名的紧张感。

如何应对陌生人和陌生环境给自己带来的恐惧

如何帮助孩子减少对陌生人、陌生环境的不安全感呢？刚才已经分析过，孩子的恐惧可能来自一些真实的经历，上面我们练习了如何使用认知行为技巧来修正孩子因过度敏感带来的紧张，下面我们实践一下如何用类似的方法消除孩子对陌生的恐惧。

> **小练习**
>
> **克服对陌生的恐惧**
>
> 找一段空闲时间,准备好纸和笔,与孩子一起讨论,并做记录。
>
> a. 回想过去被欺负、无视或冒犯的经历(如果觉得太有挑战性,孩子不愿意配合,可以通过设置虚拟角色编故事的方式来实现)。
>
> b. 扮演一个有着各种典型错误认知(非黑即白、全或无、灾难性思维、主观臆想、个人化归因等)的人,将上面这些经历的影响放大,列出这些经历可能导致的各种"严重后果"。
>
> c. 扮演一个非常理性、积极的人,使用发散思维、控辩方举证、成本收益分析等方法,逐一反驳刚才列出的各种错误认知、逻辑、推论。
>
> d. 和使用错误认知而导致的行为、结果做对比。思考如果使用积极的思维模式,对不好的经历有更加贴合实际的理解,那会产生什么样的行为、结果?
>
> 通过这个小练习,我们可以帮助孩子认识到,自己因为一些小概率经历而形成了普遍性的恐惧,这是一件非常不合理的事情。我们对自己的经历应该有符合现实的解读,对自己、他人、世界,应该怀着更加积极的态度,这种积极态度会帮助我们成为快乐且受欢迎的人。

对于第三方面如何提升社交技巧,在下面一节进行详细介绍。

第二节　如何提升社交技巧

社交技巧可以分为"内功"和"外功"两部分，内外兼修才可以成为真正的高手。

内功——自我监控

社交技巧的内功，就是常说的"情商"，是指一个人控制自己情绪、体察他人情绪的能力。高情商的人，可以根据他人情绪、自己的目的、所处的环境合理调整自己的情绪，从而在社交中获得成功。

"自我监控"是情商的重要组成部分，是指一个人通过改变自己来适应场景的能力。高度自我监控的人更容易在社交中取得成功。他们往往更重视他人的反应，更愿意基于他人的反应来调整自己，更愿意扮演环境和他人需要的角色，而不是流露自己的本性。

很多内向的人会将"耿直""率真"作为自己的优点,这种想法让内向者通过认可自己的固有特质获得了心理安慰。事实却很可能是因为自己缺少随机应变的能力,所以才拒绝承认这种能力的可贵。

家长和孩子当然不能说得如此赤裸和复杂,家长需要引导孩子理解,随机应变是一种可贵的能力,它可以让自己获得更多朋友,同时让自己给他人也带来更多快乐。

如何提升孩子的自我监控能力并提高情商呢?可以采用本书反复强调的认知、练习、反馈等方面的具体方法。认知方面,我们需要通过沟通了解孩子的真实想法,并让他认识到关注他人情绪并根据他人情绪对自己的行为进行灵活调整的重要性,而不是在社交中只关注自己的感受;练习方面,我们可以通过情境模拟、角色扮演等方式,让孩子能够针对性锻炼情商的不同方面,让他在实践中认识到关注他人情绪会带来什么样的作用;反馈方面,我们需要在评价孩子的社交表现、练习表现时,重点从情商的角度解释,让孩子加深"关注他人情绪并灵活调整我的行为,会让我更加受欢迎,让我和朋友的关系更加融洽"的认知。久而久之,孩子慢慢便会有所改变。

外功——与陌生人交流时常见的破冰话题与聊天技巧

"共同点"是社交关系的基础，与陌生人快速熟悉的最好方法，就是找一些共同点讨论。这些共同点可能是身份背景、爱好、经历、共同认识的人等。小朋友之间的共同点其实非常好找，因为他们的生活相对来说比较简单，经历和关心的问题都比较类似。一旦找到共同话题，即使沉默的人也会瞬间打开话匣子，甚至互相产生相见恨晚的感觉，我想每个成年人都有类似的经历。

有了话题之后，还需要特别指出，千万不要低估了聊天技巧的重要性。聊天看起来是个很简单、我们每个人每天都在做的事情，但是，聊天非常"难精通"。很多成年人虽然说了几十年的话，却并不是一个优秀的聊天对象。我们可以回想一下，是不是自己身边有些人，和他们聊天的时候总是感觉"聊不下去"，而有些"聊天大师"总是可以让你越说越多、意犹未尽？想要成为一个好的聊天者，需要注意以下几点：

- 积极参与：没有人愿意和心不在焉的人聊天，在别人说话时眼神空洞、表情木讷或者左顾右盼，都是不礼貌的行为，会让对方感觉自己没有得到尊重而想要尽快结束聊天。在聊天中一定要表现得专注和积极，这样才可能让聊天顺利进行下去。

- 表情与肢体动作：聊天不仅是言语的交流，人类也会通过表情、语音语调、肢体动作来表达自己，这正是当面交流永远无法被网络交流取代的优势。通过表情和肢体动作，我们既可以表现出对对方所说内容的兴趣、赞同等，也可以使自己的表达更加生动，表情和动作有时候比语言更加直接，更有感染力。切记在说话时不要过于死板。

- 语音语调：语音语调和表情、动作一样，都是可以快速传递信息的，有些人光听声音就可以感觉到他的可爱与自信。每个人其实都有自己习惯的语音语调，保留自己的特点也没什么问题，不过有一些基础的问题需要提醒孩子注意：不能因为语速过快或吐字不清而让别人听不清楚，不能太过平淡而让人感到无聊。

- 耐心倾听：聊天是一种双向交流，"会聊天"并不是指口若悬河、自顾自说个不停，每个人都能参与进来才算是好的聊天。所以我们要学会倾听，这并不是说在别人说话的时候听着就行，而要表现出及时的反应，适当的时候进行评论，必要时进行互动，让说话者感受到自己的信息正在被重视，而愿意更进一步地表达自己。倾听还有一个技巧，就是无论是否同意对方的观点，至少需要表达出尊重和部分赞同，哪怕在想打断或反驳的时候。

- 言之有物：有些人有很强的"表达欲望"，希望把自己的经历或者想法很详细地告诉别人，而很多内向的人则可能感觉"没有什么好说的"，对此，家长需要引导孩子——并不是张口就要语惊四座、妙语连珠,也不是非要有绝妙的想法、传奇的经历才值得去说,内向者需要把"值得说"的门槛降低一些。另外,"言之有物"还在于关注对方的兴趣,如果内容对方不感兴趣,只是出于面子而不愿意打断,那么说再多也是"无效"的表达。我们在说话的时候,可以关注对方是否在积极倾听或者参与,如果不是,那么可能需要稍微调整一下内容。

下面,就和孩子一起做个小练习,帮助孩子找到他在认识陌生朋友时可以聊的话题,并且练习如何聊好这些话题。

小练习

学会聊天

a. 和孩子一起,列出他最感兴趣、认为最适合与刚认识的朋友聊的话题。

b. 设置一个常见的场景,家长扮演在这个场景中刚认识的人,和孩子聊天。

c. 回顾聊天的过程,委婉、耐心地对孩子需要改进的地方进行引导,可以关注以下几个方面:

ⅰ. 如何开场?

ⅱ. 针对不同的人,如何选择合适的话题?

ⅲ. 如何让聊天可以持续、深入?

ⅳ. 如何让聊天更加有趣?

这个小练习可以反复进行。实践和反馈同样重要,提醒孩子别忘了在有机会认识陌生人的时候使用练习过的话题和技巧,并每隔一段时间了解一下孩子实践的情况。

第三节　如何融入新的团体

孩子需要学习的,不仅有如何面对陌生的个体,也包括如何融入陌生的团体,因为我们在成长中经常需要面对这个挑战。

随着升学、搬家等变化,孩子的社交圈也会被迫发生变化,他们不得不离开原来的朋友和团体,而认识新的同学、邻居,加入新的团体。这种变化对于很多孩子来说都不是特别适应,对于内向孩子就更加具有挑战性了——新的环境和面孔带来焦虑不安,除此之外,因为不够主动而无法在短期内交到朋友,这也会导致孩子产生孤独感。我相信,每个人都或多或少有类似的经历,我就曾因为升学来到一个陌生的城市,离开一群玩得很好的朋友,而因为内向没能很快融入班级,接近一年的时间感觉自己像个外人一样,那种孤独感到现在都记忆犹新,一度对学习成绩都产生了影响。

现在社会的节奏比我小时候快很多,对于孩子来说需要融入新的团体的情况也会更多,除了升学和搬家外,兴趣班、夏令营等课外活动,都需要孩子掌握融入新团体的能力,这些能力可以帮孩子获得很多朋友,进而享受到社交的乐趣。同时,团体可以给孩子提供"归属感",这是人类的本能需求之一,对于心理健康很重要。

> **小课堂**
>
> **群体归属感**
>
> 群体归属感指个体感受到自己是某个群体的一部分,并在情感和认同上与该群体紧密联系。这一概念源自人本主义心理学家亚伯拉罕·马斯洛的需求层次理论。马斯洛将归属与爱作为人类的第三层基本需求,仅次于生理需求和安全需求。对于儿童和青少年来说,群体归属感扮演着至关重要的角色,感受到自己是某个群体的一部分,不仅有助于他们的心理健康,还能促进其社交能力和自我认同的建立。
>
> 群体归属感的价值:
>
> a. 促进心理健康:拥有强烈归属感的青少年更少出现抑郁、焦虑等心理问题,具有更高的幸福感和生活满意度。归属感能够提供情感支持,帮助他们有效应对生活中的压力和挑战。
>
> b. 促进社交技能的发展:在群体中活动,儿童和青少年有机会与同龄人互动,学习和练习社交技能,如沟通、合作和冲突

> 解决。这些技能的培养不仅有助于他们适应当前的社会环境,还为未来的人际关系打下坚实基础。
>
> c.增强学业表现:研究发现,感受到群体归属感的学生在学业上表现更好。他们更愿意参与课堂讨论,主动寻求帮助,并对学习保持积极的态度。

在面对陌生的团体时,除了前面介绍的面对陌生人和陌生环境时的各种困难外,还有一个比较突出的难点,那就是不少"团体"多多少少都带有一定的排他属性,它们一般没有特别强烈的动机主动接纳或吸引他人加入,需要自己主动、努力去融入。

下面,重点介绍一下融入团体的具体技巧。

技巧一:先观察,再行动

首先,不是每个团体都值得加入,就像前面谈到的择友标准一样,对于想要加入的团体也需要进行一定的筛选。

如果一个团体在内部相互尊重,公平对待每个人,团体的活动比较积极有益,团队对外人也比较友善,那么就是个值得加入的团体;而如果一个团体因为某个人或某个不那么有益的活动聚集起来,内部充满摩擦,对外也不友善,那么它就不值得加入。

我成长过程中也经历过或见过很多小团体,有些是一群贪玩的孩子聚在一起,整天变着花样到处玩;有些以某个特别调皮的孩子为中心,甚至会做一些有点出格的事;有些团体则由一些聊得来的"老实"孩子组成,经常聚在一起看看书、聊聊天,他们的友谊一直持续到成年……团体会给人带来归属感,也会改变一个人,所以在选择是否加入前,最好先评估一下。

技巧二：主动性是关键

很多团体已经处于比较稳定的状态——成员之间已经非常熟悉和融洽,他们一般不会主动吸引其他人加入,尤其是一些"高质量"团体,这样的团体对于成员通常有比较高的要求,更难以加入。所以,在观察到值得加入的团体后,我们就需要表现出主动性,而不是被动等待。作为内向者,主动需要克服一些障碍,比如可能出现的害怕或紧张情绪,可能会打退堂鼓,觉得一个人安安静静待着就挺好,这时候其实更需要勇气,需要让孩子明白,很多时候,友谊和快乐都是需要自己主动去寻找和争取的,相比回报,过程中遇到的困难根本不算什么。

技巧三：寻找容易接近、合得来的人

融入团体是一个自然发展的过程,它并不像成人加入一个新公司一样有简历筛选、面试、录取这样严格的关键节点。不

过,对于融入团体,还是有一些值得推荐的"标准动作"的,结识一个团体中比较友好的人就是关键的第一步。

通过前面的观察,我们可以找到团体中对他人比较友好的人,或者和我们有相似爱好或背景的人,使用本章介绍的和陌生人破冰的技巧,能够帮助我们和他成为朋友。在团体中有了一个朋友之后,融入团体就容易很多了,他可以把你介绍给其他人,可以带你加入具体的团体活动。

技巧四:参与到团体的具体活动中

每个团体都有自己典型的活动,活动是一个团体的基础、纽带,参与到团体的典型活动中,是融入团体最重要的一步。参加活动可以由我们自己主动提出,或由之前认识的团体内的朋友邀请,关键在于需要在活动中表现自己,让团体其他成员看到一个和自己相似的、有趣的人,这样大家更容易接纳,甚至欢迎你。

> **小练习**
>
> **观察孩子融入团体的过程**
>
> a. 寻找或创造一个加入新团体的机会,例如一个新的兴趣班。
>
> b. 事前和孩子做好准备,提醒注意事项和技巧。

c. 从以下几方面观察孩子的表现：

ⅰ. 是否主动融入？

ⅱ. 是否和其中某个小朋友有比较深入的互动？

ⅲ. 参与了团体的活动，并且有比较好的表现，还是在"小圈子"外围无人关注？

d. 事后和孩子回顾他的表现，表扬他表现好的地方，委婉指出需要改进的地方，并给予鼓励。

第六章

如何安静地实现"合群"

第一节 不要害怕"一个人",莫把"过程"当"结果"

"自我接纳"是心理健康的基础,就连好莱坞电影也在不断描述这样一种主角,他们曾经因为自己的遭遇或缺点而苦恼,在经历挫折、面对挑战后,终于承认并接受自己的缺点,同时不断努力寻找自己的闪光点,用更大的勇气、自信来面对各种挑战。这个曲折而又深刻的转变过程几乎成了好莱坞主角成长的模板,《冰雪奇缘》中的艾莎,《功夫熊猫》中的熊猫阿宝,《黑暗骑士崛起》中的蝙蝠侠等都是如此。

现实中的人也是如此,我们不能偏离自我,这点必须承认,同时我们也不能放弃成为"更好的自己"。内向的孩子往往表现得不够活泼,看起来不那么"机灵",这是很难改变的,因为这是一个人的气质特征,是和生理相关的。所以父母不要试图让内向孩子变得"活蹦乱跳",这样可能会适得其反——父母不停地指出他不够活泼,会让他产生自己"社交能力有问题"的想法,进而降低自我效能感。父母应该鼓励他以自己真实、舒服的状态参与到社交中,告诉他不一定要特别活泼才能进行社交,不一定要活蹦乱跳才能获得友谊。我们应该努力协助孩子找到内向者合适的社交方式,倘若能把内向发展成为一种优势,那就更好了。

具体到社交上,内向孩子有很多无法改变的偏好:

- 喜欢有足够的独处时间。
- 不喜欢太吵闹的活动。
- 不喜欢人多,喜欢更加深入的交流。
- 在外面表现得更加沉稳。

这些偏好其实没有好坏之分,它们并不会影响我们最关心的目标——如何让孩子成为健康、快乐的人,从社交中获得快乐,并学习解决人际问题的能力。既然如此,我们何不在帮助和引导孩子实现目标的同时,也尊重他们作为内向者的无伤大雅的偏好呢?

第二节　关注他人处境，帮助和自己相似的同学

内向的孩子确实很容易和内向的孩子成为朋友。他们容易相互理解，可以一起安静地相处，也可以进行深入的交流。同时，可能因为内向者朋友通常不那么多，所以会更加珍惜每个朋友，进而容易建立更加长久的友谊。我就有不少同为内向者的朋友，虽然我们的聚会可能看起来不像外向者那么热烈，但是我们知道彼此的感情是真挚的。

那么，两个内向的人交朋友，需要注意些什么呢？

主动

在社交中，关系的建立、加深、维系，都需要有一方先主动。内向者本来就倾向于被动、慢热，这种情况下如果两个人都没有意识到需要主动，那便很难相互熟悉、建立友谊，即使成为朋友，

可能也容易因为互动太少而疏远。所以需要提醒孩子,如果朋友也是内向者,就需要自己更加主动,主动和对方聊天,关心近况,邀请对方一起出去玩或参加活动等。

包容

前面介绍过关于敏感的问题,如果交流的双方都过于敏感,总是出现"说者无心,听者有意"的事情,并且在发生误会或矛盾后,都长时间无法释怀,那么友谊一定无法持续。对此,我们需要培养孩子更加包容的心态,尤其在面对其他内向者时,需要更加大度和"迟钝",避免两个敏感的人因为不愿交流而形成"猜疑链"。

相互帮助

内向者在社交中会遇到比外向者更多的问题和挑战,内向者在一起除了可以互相陪伴外,基于彼此之间的相互理解,他们往往能在社交中更加默契地帮助对方。这种帮助可以是遇到烦心事之后的倾听和安慰,可以是被欺负时的支持和保护,同为内向者,这种帮助会更加有效和宝贵。

第三节 主动认同,确信自己是这个集体不可缺少的一员

在群体中,每个人都可以提供自己独特的价值,千万不要以为内向者只能成为团体的边缘人、附属。作为内向者,应该主动寻找自己的价值,发挥自己的作用,感受群体的重视,从而获得被需要的感觉及群体带来的归属感,这对于自信心的建立和心理健康非常重要。

一个群体中一般会有下面几种角色。

领导者

他是群体的核心,是群体中声望最高、说话最有分量的人。能够成为领导者,说明他有着群体中其他人都认可、佩服的优点,但具体是哪些优点,在不同群体会有差异——在"坏"孩子群体中,最能打架的人会成为领导者;在"学霸"群体中,学习最好

的人会成为领导者；在因为共同兴趣形成的群体中，最积极组织或在兴趣方面研究最深入的人会成为领导者……

内向者也可以成为领导者，这会给自身带来更多社交满足，但也意味着更大的责任。作为领导者，意味着你需要花更多时间和精力在组织活动、拿主意、处理成员间的矛盾等团队管理事项上。

核心成员

核心成员对于群体的稳定至关重要，他们和领导者一起组成群体的核心，彼此之间有较深的感情，不会轻易疏远或脱离群体，他们的意见对于群体也非常重要。

为了成为核心成员，我们需要和群体中的多数人成为朋友，需要积极参与群体的活动，需要让大部人认可你在群体中起到的作用。

边缘成员

在群体中，边缘成员往往存在感比较低。他们并没有和大部分人建立足够深入的感情，参加活动或发表意见也不是特别积极，虽然身处群体中，但他们表现得有点像局外人。他们可能会逐步变成核心成员或领导者，也有可能慢慢疏远群体。

对于边缘成员来说，在群体中获得的被尊重感、归属感、满足感往往是最弱的。如果一个群体是值得加入的，那么我们需要鼓励孩子尽量成为核心成员，不要成为边缘成员。

当然，一个人在不同的群体中，也可能是不同的角色，例如在班级中是跟随者，在足球队里可能是领导者。

> **小练习**
>
> ### 聊聊孩子在群体中的角色
>
> a. 让孩子描述他最重要的几个社交圈子/群体，并介绍自己在群体中发挥的价值。
>
> b. 让孩子评估自己在这几个群体中，分别担任什么样的角色。
>
> c. 询问孩子，自己理想中的角色是什么样的。
>
> d. 如果理想和现实存在差异，帮助孩子分析如何能成为自己理想中的角色。

第七章

压不住的坚韧——如何引导孩子应对高压力的社交场合

第一节　常见的高压力社交场合

内向的孩子在成长过程中，社交能力的培养至关重要。然而，高压力的社交场景往往给他们带来更大的挑战。这些场景包括当众演讲、面对批评、应对人际冲突等。理解内向者在这些情境中的表现及其背后的原因，有助于家长采取有效的方法，帮助孩子克服困难，提升社交能力。

下面一起看看这些常见的高压力社交场景以及它们的特点。

当众演讲

这一场景要求孩子在较大或较正式的群体面前表达自己的观点或展示才艺，如课堂报告、学校演讲比赛、才艺表演等。内向者需要克服对公众评价的恐惧，面对高度关注和可能出现的错误展示，他们可能会感到极度紧张和不安。

面对批评

这一场景是指在学习或生活中,接受他人的反馈和评价,尤其是负面评价,如老师的严厉批评、同伴的负面评论等。内向的孩子可能对批评更加敏感,容易内化负面评价,进而导致自尊心受挫和自我怀疑。

应对人际冲突

主要指处理与同伴、老师或家人之间的误解、争执或矛盾,如与朋友的争吵、家庭成员的意见不合等。内向者可能避免直接对抗,导致问题得不到及时解决,进而增加内心的压力和困扰。

团队合作

这一场景需要我们与他人合作完成任务,期间,我们需要与他人协调沟通,达成共识。生活中的团队合作场景有小组项目、团队运动等。在参与团队合作时,要主动沟通和表达意见,对此,内向的孩子可能会感到不适,担心自己的观点不被重视或接受。

社交聚会

主要指参加大型聚会或活动,这种场景往往需要我们与不熟悉的人互动交流,生活中类似的场景有生日派对、社区活动、学校社交活动等。对于快速适应新环境和新的人际关系,内向者会感到很不适应,他们可能会感到孤独和不自在,难以融入群体。

第二节 内向孩子在高压力社交场合的表现

内向的孩子在高压力场景中，往往会面临更大的挑战，他们可能会表现出以下行为：

回避行为

避免参与需要公开表达的活动，如拒绝当众发言或展示作品，逃避需要互动的场合等。长期回避可能导致社交技能的不足，从而限制了与同伴交流的机会以及自我展示的能力。

沉默寡言

在社交场合中保持安静，不主动发言或参与讨论，即使内心有想法也不愿表达。这种状态可能被误解为冷漠或不友好，进而影响人际关系的建立和维护。

焦虑与紧张

表现出明显的紧张情绪，伴随有出汗、抖动、不安、心跳加速等身体反应，甚至出现胃痛或头痛等生理症状。身体不适和高度紧张会进一步加剧社交恐惧，形成恶性循环，从而导致更多的社交回避。

自我保护

通过逃离场景、低头不语等方式保护自己不受进一步的压力，避免成为关注的焦点。这样做减少了与他人互动的机会，最终可能导致社交孤立，进而影响心理健康。

社交倦怠

是指长时间的社交活动后，内向者可能会感到疲惫、无力，并且不愿继续参与，有时甚至需要较长时间的独处才能恢复精力。频繁的社交倦怠会限制孩子参与社交活动的频率，进而影响建立稳定的人际关系。

第三节 如何帮助孩子更好地应对高压力的社交场合

帮助孩子应对高压力的社交场合，这是一个循序渐进的过程。首先，需要帮助孩子建立正确的认知，这是应对挑战的前提和基础，也是促进成长的必要环节。

建立自我认知与接纳

作为家长，要给予孩子无条件的爱与支持，帮助他们接受和尊重自身的性格特质。具体来讲，一方面我们可以给孩子提供安全的环境，让孩子自由表达自己的感受和想法，减少自我压抑，另一方面及时肯定孩子在社交场合中的积极表现，即使是小进步，也要给予肯定和鼓励。总之，我们要让孩子清晰地认识和感受到，即使面对这些高压场景自己表现得不够好，很紧张，也很正常，也不必为之担忧、气馁，自己仍然是一个值得骄傲的好孩子。

渐进式暴露

父母可以引导孩子小步尝试，从简单的开始，逐步提升难度。具体实践时，可以先从模拟开始。我们可以和孩子先在家中模拟社交场景，让孩子在熟悉的环境中练习，如进行小组讨论或模拟比赛。在孩子适应一个场景后，逐步增加社交场景的难度，如从家庭成员前演讲，到小组讨论，再到全班展示。在每个阶段，我们都要给予孩子充分的支持和鼓励，帮助孩子应对新的挑战，增强自信心。

认知重构

当孩子没有信心或表现不佳时，还需要帮助孩子识别压力场景下可能出现的负面思维，例如"我会失败""大家会嘲笑我"等。首先，我们可以鼓励孩子记录下在高压力场景中的消极想法，帮助他们意识到这些思维模式的存在。在识别到这些会让自己紧张、沮丧、退缩的思维后，引导孩子对其进行反思和挑战，让孩子理解它们是不合理的，它们和事实是不相符的。对此，我们可以与孩子一起寻找实际的证据，例如反思过去的成功经历，证明"我可以做到"；可以引导孩子发现负面思维中的逻辑漏洞，如"即使大家不喜欢我，我依然有价值"；可以帮助孩子建立更积极、现实的思维模式，如"即使出错也没关系，我可以从中学习"；可以鼓励孩子使用正向肯定的句子，如"我有能力应对挑战""我值得被理解和尊重"。除此之外，我们还可以鼓励孩子每天进行自我肯定练习，如每天早晨重复积极的自我肯定的句子；让孩子记录每日的积极体验和自我肯定，增强自信心和自我价值感；帮助孩子识别日常生活中的自我批评，例如"我说错了""我不够好"等，与孩子一起将自我批评转化为建设性的反馈，如"我下次可以做得更好"。总之，在孩子进行自我批评时，父母需要给予他们温暖的支持和理解，帮助他们减少内心的负面情绪。

技能练习

实操很重要，我们可以在家中模拟高压力社交情境，如模拟课堂演讲、冲突解决等，让孩子在安全的环境中练习应对策略，在角色扮演后，给予孩子积极的反馈和具体的改进建议，以帮他们不断提升应对能力。比如模拟结束后与孩子一起分析具体的社交情境，讨论可能遇到的问题及解决方法，如如何应对批评、如何表达不同意见等，在分析和讨论的基础上与孩子一起制定具体策略。

第四节 如何应对演讲、表演等场合

本节以孩子成长过程中很重要的，压力又较大的场合"面对大量观众演讲或表演"为例，来说明如何帮助孩子应对高压力的场合，发挥自己的风采，从而让自己变得更加积极和自信。

建立积极的态度与信心

让孩子明白，演讲与表演的重点不在于结果，而在于他们为此付出的努力和所学到的经验。首先，无论孩子在练习中取得多小的进步，都要给予及时的肯定和奖励。例如，当孩子能在家中顺利完成一次小演讲时，要给予表扬或小奖励，以增强他们的自信心。其次，父母可以分享自己在面对公众演讲或表演时的感受和应对方法，让孩子看到即使成人也会遇到类似的挑战。例如，讲述自己第一次公开演讲时的紧张和克服紧张的方法。最后，可以带孩子观看优秀的演讲或表演，讨论这些表现背后的努力和技巧，激发孩子的学习兴趣。例如，一起观看 TED 演讲或优秀的表演视频，分析演讲者的肢体语言、语调变化等。

系统的准备与练习

帮助孩子将演讲或表演任务拆分成小步骤，如内容准备、排练、调整等。例如孩子需要进行一次演讲，对此可以先帮他们确定主题，再一步步完善内容，最后进行演讲练习。在进行演讲练习时，应该根据孩子的能力设定实际可行的目标，避免过度压力，在此基础上逐步提升难度。比如第一步可以在家庭成员前演讲，第二步在小组中展示，第三步在全班进行演讲。在家庭成员前演讲时，需要我们在家中创建一个模拟的演讲或表演环境，可以在客厅设置"舞台"，让孩子在"观众"前进行演讲或表演，同时，我们还可以使用录音或录像的方式记录孩子的练习过程，帮助他们直观地看到自己的进步和需要改进的地方。有一点需要特别注意：在练习中，给予恰当的反馈是很重要的，评价的时候一味地夸奖，这样孩子是无法成长的。这样的评价多了不仅会让孩子觉得虚假、不可信，还可能让他们形成过于乐观的认知，这样倘若上台后没有得到预期的效果，反而会让孩子产生更大的心理落差。无论是夸奖还是建议，都可以，但要注意针对具体的表现——就事论事、关注细节，并且注意避免孩子将评价"泛化",即给自己贴标签。

情绪管理与放松技巧

在情绪管理和放松技巧方面,可以教孩子做下面练习:

通过深呼吸帮助孩子在紧张时刻放松身心,集中注意力。例如,演讲前进行三次深呼吸,每次吸气时数到四,呼气时数到四。

通过逐步紧张和放松不同肌肉群,帮助孩子减轻身体上的紧张感。例如,从脚趾开始,逐步放松到头部。

引导孩子关注当前的感受和呼吸,减少对未来演讲或表演的焦虑。例如,每天安排几分钟的正念练习,专注于呼吸或环境中的声音。

每天安排几分钟的冥想时间,培养孩子的专注力和内心的平静。例如,早晨或晚上进行简短的冥想,帮助孩子进入一个放松的心境。

认知重构与积极思维

在认知重构和积极思维的建立方面,可以从以下几方面着手:

鼓励孩子在准备演讲或表演前后,记录下他们的消极想法和担忧。例如,写下"我会忘词"或"大家会笑我"。

与孩子一起分析这些想法的合理性,帮助他们用积极的思维模式取代消极的自我评价。例如,讨论"我会忘词"是否真的会导致糟糕的结果,以及如何应对这种情况。

帮助孩子制定一些积极的自我肯定的句子,如"我能做到""我值得被倾听",并鼓励他们每天重复这些句子。例如,早晨起床后,孩子在镜子前对自己重复这些肯定的句子。

引导孩子想象自己成功完成演讲或表演的情景,增强他们的信心和动力。例如,闭上眼睛,详细描述演讲成功的场景,包括自己的表现和听众的反应。

实用的演讲与表演技巧

在上台前,可以用下面这些实用的演讲与表演技巧来帮孩子。

帮助孩子构建演讲或表演的逻辑结构,如开头、主体和结尾,确保内容连贯有序。例如,演讲的开头可以用一个有趣的故事引入,主体部分展开主要观点,结尾总结并呼应开头。

鼓励孩子用简洁明了的语言表达自己的观点,避免过于复杂和冗长。例如,教授孩子如何用简短的句子传达核心信息。

指导孩子使用适当的手势、眼神和面部表情来与大家交流,增强表达的生动性和感染力。例如告诉孩子如何通过眼神与听众建立联系,如何用手势强调重点。

教导孩子控制语速、音量和语调,使演讲或表演更具吸引力和说服力。例如,教孩子在强调重要内容时提高音量,在表达柔情时放缓语速。

模拟可能出现的问题,如忘词、设备故障等,帮助孩子提前做好应对准备。例如,模拟演讲中突然忘词的情况,教孩子如何自然地停顿并找到下一个要点。

教会孩子在突发状况下如何保持冷静,迅速调整状态,继续表演或演讲。例如,教授简单的应对技巧,如微笑、暂停几秒钟,然后继续。

演讲与表演后的反馈与反思

对于演讲或表演后的反馈、反思,可以从以下几方面着手去做:

演讲或表演结束后,给予孩子积极的反馈,强调他们的努力和进步。例如,"你今天的演讲非常流畅,我看到你在练习中付出了很多心血"。

针对需要改进的地方,提供具体且建设性的建议,帮助孩子认识到自己的成长空间。例如,"你的内容很有趣,但下次可以多用一些手势来增强表达效果"。

引导孩子回顾整个演讲或表演过程,总结经验教训,为下一次表现做好准备。例如,询问孩子"你觉得哪部分最顺利?哪部分可以改进"。

鼓励孩子记录每次演讲或表演的亮点和需要改进的部分,逐步提升自我表现能力。例如,使用一个日志本,记录每次活动后的感受和收获。

第八章

沉默还是爆发——如何引导孩子处理冲突

第一节 面对冲突，需要培养孩子平和但坚定的态度

在漫长的成长过程中，我们在社交中会遇到很多冲突。作为成年人，我们应该也能回想起一些校园里和同学之间不愉快的经历。根据严重程度，我们可以将冲突分为多个等级：

- 轻微冲突：双方都没有恶意的小摩擦、争吵。
- 一般冲突：例如含有恶意的言语取笑、不友善的讽刺和挖苦。
- 严重冲突：例如身体暴力、社交孤立、情感和语言暴力、恐吓等，这类冲突也可以称为霸凌行为。

面对冲突，既不可以做"开不起玩笑的小心眼"，也不能成为"被人随意拿捏的软柿子"，这两者都非常不利于孩子的社交。因此，在处理冲突时需要注意分寸，不同的冲突需要有不同的处理方法。

对于轻微冲突,建议让孩子学会自己处理,避免太过敏感。

在和同龄人的交往中产生小摩擦或者不愉快是经常会发生的事情,我们应该鼓励孩子自己学会处理,不要大惊小怪、斤斤计较。如果发生一些非恶意的小摩擦就过度反应,不仅会让同龄人更加排斥自己,扼杀了可能发展下去的友谊,而且无法让孩子形成正确处理社交冲突的能力。我们需要让孩子"心大"一些——只要对方不是出于恶意,处理冲突的最好方法就是快速忘掉。

对于一般冲突,我们同样建议孩子学会自己处理,但是此时不能像轻微冲突一样轻视它,要避免它发展成为更严重的冲突。

嘲笑、言语攻击在儿童和青少年中都时有发生,他们还没有学会像大人一样遵守社会规则,更容易表现出内心原始的歧视、嫉妒、攻击性,或者在开玩笑时掌握不好分寸。如果孩子因为被嘲笑而不高兴或者向家长求助,首先应该做的就是教会他如何分辨哪些是善意的,哪些是恶意的;哪些可以一笑置之,哪些必须进行适当的"处置",可以引导孩子从这几个因素去分辨:

- 和对方的关系:如果是好朋友,嘲笑很可能是善意的;而如果只是普通朋友或者陌生人,那么嘲笑很可能会带着恶意。
- 当时的场景:同样的事情,在不同的场景中发生往往也代表着不同的含义。可以通过观察对方的表情、语气,当时的氛围是否轻松,以及周围人的反应,来综合判断语言背后的含义。

- 对方行为的原因:前面介绍过对于自己情绪、认知的归因分析,这种方法也可以用于分析他人的行为。嘲笑他人的行为动机可能有很多种,可能是这个小朋友受到家庭的影响形成了这样的习惯,可能是他心情不好特别想发泄,也可能是他看你不顺眼特别想欺负你。究竟是哪种情况,需要结合多种因素进行综合分析和判断。

✎ 小练习

如何分辨嘲笑是否带有恶意

a. 和孩子一起,回忆最近他是否因为别人的嘲笑或其他言语、行为感到不高兴?

b. 从关系、场景、行为原因等因素,分辨对方行为是否带有恶意?

c. 如果是善意的,开导孩子学会大度;如果是恶意的,鼓励孩子勇敢面对(下面介绍如何应对)。

当我们能够从对方言语中分辨出善意、恶意时,如果遇到恶意的言语攻击,要如何处理才能制止对方的不当行为,避免对方得寸进尺呢?下面介绍几种方法:

表达不满

明确向对方传递自己的不满，可以让他认识到自己行为的不当，也明白你不是一个可以随意欺负的人。表达不满可以通过语言，例如明确告诉对方"你这样说很没有礼貌"，指出对方言语和事实不符等；也可以通过其他方式表达不满，例如摆出严肃、气愤的表情，表现出随时可能爆发的样子。

警告对方

成年人之所以不会随意言语攻击别人，是因为有潜在的社会规则的约束，而规则的本质，是"不当行为会引来不良后果"的预期。提醒对方欺负自己会有严重的后果，那么对方下次再有嘲笑你的冲动时，就会三思而行。警告需要满足两个条件：首先是对方真的害怕会发生的事情，其次是你真的可以做到的实际事情。不要说"再这样我不理你了"，因为对方可能根本不在乎，也不要说"小心我捶你"，因为对方知道这种可能也不大。一般比较有效的是，告诉家长或老师，或者不再借给对方玩具或书籍（如果对方之前向你借过）等。

适当反击

如果表达不满和警告效果都不好,那么还可以选择反击。很多喜欢欺负别人的人,都是欺软怕硬的,反击可以有效阻止他们。当然,反击还需要考虑"适度",不能陷入矛盾不断升级的恶性循环,需要保持理智,将冲突限定在正常范围内。

依赖朋友

朋友是社交中坚实的后盾,向朋友求助,请朋友助威、壮胆,也是向对方展示自己"不好惹"的很好的方式。这个时候,愿意为你出头的"好哥们儿"或"闺蜜"就显得尤其珍贵了,但是这种朋友显然不是临时或短期可以找到的。

第二节　如何面对校园霸凌

介绍完轻微、一般冲突的分辨和处理方法，下面来讨论最严重的冲突——校园霸凌。

希望我们的孩子永远不要成为被霸凌的受害者，但是它确实普遍存在于几乎所有国家和地区，在漫长的成长过程中，每个人都可能成为，或者差点成为校园霸凌的受害者。我们需要做的不是祈祷孩子能拥有躲过这一切的运气，而是要教会孩子如何处理，将针对自己的霸凌行为扼杀在萌芽状态。

帮孩子建立正确的认知是关键

在具体谈论霸凌之前，我们需要让孩子建立三个非常关键的认知：

首先，不惹事，但也不怕事。

内向者在冲突中经常表现出担忧、恐惧，进而产生逃避行为。我们需要给孩子信心,作为孩子的坚实后盾,我们需要告诉他:"不用害怕,只要不是你主动欺负别人,爸妈会无条件支持你,想尽办法帮助你解决问题,绝对不会不管你。"

其次,平等是交友的基础。

父母需要让孩子懂得人与人是平等的,和朋友的相处也是建立在平等基础上的。不能欺负别人,但也不能平白无故受别人欺负。

最后,做人要大度,但是有底线。

像上一节说过的,不能给人留下"软柿子"的印象,也不能让人觉得自己"小心眼",对于一些无关紧要的小矛盾,我们可以快速忘掉,但要清楚自己的底线——有哪些语言和行为是绝对不允许出现的,一旦有人触碰底线,那么不能妥协、退缩。"打得一拳开,免得百拳来",这句话完美诠释了坚守底线的重要意义。

霸凌的常见形式

霸凌几乎存在于每一所学校的每一个班级,它可能以多种形式出现,一些受害者甚至可能会同时受到多种霸凌。

· 言语欺凌

嘲笑、谩骂、羞辱、威胁,这些是最常见的霸凌方式。我们都知道,言语有时候可以像尖刀一样伤人,被人以"笨蛋"等外号,或者更低劣的脏话侮辱,会让人产生自卑、低自我价值感。

·传播谣言

谣言是另一种常见的伤人武器,有时候比正面冲突更加有破坏性,因为谣言会影响群体中其他人对受害者的态度,可能让一个原本受欢迎、被尊敬的人被群体孤立和轻视。

·肢体冲突

这是冲突烈度最强的霸凌,会造成最直接的伤害,被打者除了身体伤害外,往往还伴随心理创伤,变得自卑,容易恐惧。

·社交孤立

这种霸凌往往会被忽视,不容易觉察,但却是对人伤害最深的一种。前面介绍过,社交是人的本能,被群体和他人接受是人需要满足的基础心理需求,长时间被孤立往往会带来各种心理问题。有研究表明,社交孤立是所有霸凌行为中最容易导致青少年自杀的行为。

霸凌对孩子的危害

霸凌对于受害者来说,会产生非常大的负面影响。

首先,霸凌会带来很大的心理压力,即使是轻微的霸凌,也会让受害者担惊受怕、敏感紧张,因为霸凌往往不是一次性的。长期的紧张、焦虑,往往还会导致厌学、学习成绩下滑。

其次，霸凌会摧毁一个人的自信和自我价值感，霸凌者的言语会贬低受害者，如果仔细想想你会发现，谩骂往往会针对智力或生理缺陷，虽然不属实，也会对人产生影响。同时，被霸凌就代表着在群体中"丢脸""没有地位""不被尊重"，无法获得外界的肯定，必然会影响对自己的评价。

最严重的是，霸凌往往还会导致抑郁等其他心理、精神疾病，长期压抑、被误解、被贬低、被伤害，由此累积的巨大的心理能量如果无法得到释放，必然会产生扭曲和崩溃，甚至导致自杀。不幸的是，这种案例并不少见。

作为家长，对霸凌可以做什么

幸运的是，面对如此普遍又可怕的霸凌，家长有很多可以做的事情，来守护孩子的健康成长。

最先要做的是预防。像面对所有危险一样，防患于未然永远是最优方案，如果做好预防，可以极大地减少孩子被霸凌的可能。霸凌的发生是有一些规律的，霸凌者都是恃强凌弱的，所以一般受害者都比较老实软弱、缺少朋友，没有家长或老师撑腰，身体不强壮，也就是"看起来好欺负"，那么，预防霸凌的有效方法就是让孩子变得"不好惹"。

变得"不好惹"的方法有很多，前面说过要教会孩子坚守底线、适当反击。拥有很多朋友,尤其是关系紧密的好朋友,也可以让霸凌者知难而退。除此之外,家长和老师的关注也至关重要,霸凌者在同龄人中固然猖狂,但是遇到成年人往往还是会害怕,如果一个孩子能表现出被家长关心、受老师关照,那么霸凌者可能就不敢欺负他了。

再完善的预防也只能降低概率,不会完全杜绝被霸凌的可能性,所以我们还是要多关注孩子的状态,以便做到尽早发现被霸凌的迹象,避免造成更多伤害。如果你发现孩子长期情绪低落,容易烦躁,对周围人发脾气,提不起精神,睡眠出现问题,吃饭也没有胃口,心不在焉、丢三落四,却又不愿意和你说出明确的原因,那么就需要注意是否被欺负了。当然,最好还是孩子能主动向你求助,这就需要你和孩子形成良好的沟通模式,让孩子可以信任和依赖你,这一点我们在后面详细说明。

在发现孩子被霸凌后,我们首先要表示对孩子的绝对支持——不能责怪孩子"惹事",也不能漠不关心,让孩子自己解决,要让他知道,我们一定会协助他解决这个问题。然后我们可以找到孩子的老师,请老师进行关注和处理,老师的介入往往是最有效的,不过我们需要注意在和老师沟通时,不能情绪失控,或者通过指责老师和学校来发泄情绪,这样并不能解决问题。我们还可以找到对方的家长,如果对方的家长是个讲道理的人,并且还有能力管束自己的孩子,那么就应该承担起责任。另外,我们也可以找到孩子最亲密的几个朋友,请他们在学校提供帮助和支持。如果这些方法都没有效果,那么我们还可以将问题上升给校长,寻求网络关注,通过各种途径进行干预……只要下定决心,办法总是有的。当然,最后也可以尝试转学。

作为孩子,对于霸凌可以做什么

前面我们介绍了很多家长可以做的事情,作为孩子,如何更好地应对可能出现的霸凌呢?我们如何引导孩子?

第一,要让孩子学会及时倾诉、求助。我们在新闻中看到酿成严重后果的霸凌案例中,被霸凌的孩子往往不会及时向他人求助,不会说出自己正在受到霸凌,这会让霸凌行为持续,让伤害更深。让孩子学会倾诉和求助,是阻止霸凌的重要一步。

孩子不愿意求助,可能的原因有很多——有可能是没有认识到问题的严重性,认为自己忍一忍就会过去;也可能是因为觉得被霸凌是一件丢人的事情,代表自己软弱、地位低下;更常见的是,如果被霸凌者感受不到家长的关爱,或者沟通模式存在问题,就会认为即使求助也没有任何用处,家长不仅不会帮忙,还可能指责自己"不好好学习,就知道惹事",这是一种多么无助的处境啊!

作为家长,要确保自己的孩子不会产生以上想法,而是将遇到的困难及时说出来,那么就需要让孩子正确理解求助行为——家长本身就有帮助孩子解决问题的义务,求助他人、建立良好的社会支持网络,是一个人幸福的基础,绝对不是丢人的事情。而作为家长,要表现出对孩子的关心,让他认为自己的需求对于父母来说是重要的,一旦求助,自己一定会得到帮助,这样孩子就不会因为担心没有用而不求助了。

最后,当孩子真的求助的时候,不要和稀泥、遮掩问题不去解决,简单地否认问题只会让孩子感到无助,真正解决掉问题,孩子才会对家长更加信任,对于社交也更有安全感——爸爸妈妈是不会让"我"受欺负的。有这样的信念和底气,孩子才能更加自信。

第二,在有家长帮助的情况下,也要自己学会应对霸凌。面对霸凌,有一些常见的错误处理方式,是需要提醒孩子避免的。

首先,不能忍气吞声,这个前面说过了,一味忍让只会让人觉得自己好欺负,更不能觉得是因为自己做错了什么才导致被霸凌的——错的永远都是霸凌者,没有任何理由能让霸凌别人变得合理。

其次,不能过于冲动,让冲突升级,即使反击也要控制好冲突的烈度,避免情绪失控后产生过于严重的后果,多年前的"马加爵事件"就是在被言语霸凌后,长期压抑加上过于冲动,而造成了同归于尽的惨剧。

最后，尤其是女孩子，需要避免因为被霸凌的压力导致的情绪崩溃、哭闹，这会导致受害者无法头脑清晰地去应对霸凌，也可能让霸凌者更加兴奋、肆无忌惮。正在经历霸凌的人，除了及时向家长和朋友求助以外，需要做的就是表达不满、适当反击、保持冷静地想办法去应对。

第三节　如何应对好朋友之间的矛盾

再亲密无间的朋友也会有闹矛盾的时候,这是无法避免的,不会处理的人,往往会让这种矛盾伤害友谊,最后发现自己身边没有一个长期的朋友。高明的处理矛盾的方式,不仅不会让朋友间的感情变淡甚至绝交,反而会将矛盾变成增进相互了解、加深感情的机会。下面就让我们学习如何让孩子变成一个高明的"矛盾解决者"。

首先,我们要了解清楚朋友之间为什么会有矛盾,以及需要用什么样的态度去处理。每个人都有自己的偏好,关心自己的利益,只要两个人产生互动,各种差异就会酝酿着矛盾的种子。人类历史、国家间的关系,都证明了人之间的矛盾是永远无法消除的。所以,千万不要一发生矛盾,就觉得"看来我们不适合做朋友""我们的友情完了"之类的,这种认知习惯反而比矛盾本身更加有害。任何友谊都来之不易,值得我们去珍惜,而不是随意放弃。

矛盾的来源有很多种，可能是因为误解、意见不合、习惯不同、有意无意惹恼或伤害了对方等。其实我们生活中的大部分矛盾都有一个特点，就是并不存在什么原则性的、根本性的利益冲突，只要其中一方大度、忍让一些，基本都是可以解决的。那么，我们为什么不能成为大度的那个呢？只要没有触及我们的底线，忍让和妥协并不代表软弱，而是成熟的标志。

在我们明确了需要以更加包容的心态去解决矛盾后，就需要了解具体的处理技巧了。

控制自己的情绪

虽然理智告诉我们需要珍惜友谊，不能因为一点小事伤害感情，但是矛盾往往伴随着情绪，我们会因为对方的行为感到气愤、沮丧、委屈，这些情绪会阻碍我们理智地处理矛盾。对此，我们可以先分析自己的情绪来源，使用前面介绍过的认知行为理论，来分析这些情绪产生的原因，是否包含错误的信念，例如小朋友经常会因为别人不愿意借给自己玩具或者陪自己玩而生气，这就是基于"世界要围着我转"的错误信念。定位到不合理的信念，就比较容易控制情绪，这是正确处理矛盾的基础。

默契地遗忘

朋友之间的很多小矛盾，其实不用特别去处理，很多事情是没有对错之分的，没有必要非得坐下来说清楚才算解决矛盾。很多时候情况是这样的——在矛盾发生的当时我们有点生对方的气，事后冷静下来各自都发现其实没有必要，但又都不好意思主动提出和解，结果下次见面的时候相视一笑，彼此都心照不宣，知道这次矛盾双方都"翻篇儿"了。

明确释放善意

就像上面说到的一样，闹矛盾之后的微笑很重要，这是释放善意的信号，可以消融猜疑。很多时候我们并没有什么根本性的矛盾，之所以没有和好，可能是担心"对方是不是还在生气？我可不想在他生气的时候找他"，微笑、主动打招呼、轻松地聊天，就相当于明确告诉对方"不用担心，我已经不生你的气了，如果你不介意，我们还是好朋友"。

就事论事是重要原则

无论是大人还是小朋友，在争论的时候最需要避免的就是"稳定性推论"和"翻旧账"，这都是会将矛盾激化的行为。

"稳定性推论"是指在争论中指责对方的某些行为根源于稳定的特质,例如对方因为迟到让你很生气,你指责他"你总是迟到,永远也改不了,你根本不在乎别人的时间,你根本不尊重我",就这样让简单的迟到问题上升到了尊重的高度,扩大了矛盾的范畴。

"翻旧账"是指在争论中从这次发生的事情,提到之前发生的类似的或者有一点关联的不愉快,暗示对方"你总是犯错,总是伤害我"。"翻旧账"的坏处是容易引起更多的不愉快回忆,让多个矛盾在同一时间呈现出来,导致双方情绪更加失控、矛盾加深。

如果非要争论对错,一个重要的原则是"就事论事",不要谈论之前的事情或给对方"贴标签",这其实不难做到,我们只需要抑制住自己指责他人的冲动,同时在对方这样做的时候及时提醒,就可以避免激化矛盾。

互相表达感受

处理矛盾也可以成为加深相互理解的机会,可以互相说明自己为什么会产生情绪,为什么觉得对方有错,如果双方都能有开放的心态,即使相互指出对方的不足,也是有建设性价值的。这个过程中需要注意的是,表达感受的目的不是"分对错",所以不需要对方承认错误或者道歉。我们的目的是学习如何更好地相处，因此可以按照"如果你这样做会让我更容易接受，更开心"的模式来描述，只要对方接受建议即可。例如你因为对方迟到而生气，可以建议对方"如果真的要迟到了，可以提前跟我打声招呼，这样我就不用等这么久了，或者至少在见面后说两句好话"，而不是说"你迟到了让我很生气，我需要你严肃对待迟到这件事情"。

上面介绍了几种处理矛盾的方式，各自有合适的对象和场景，需要在生活中灵活选择，有些矛盾的处理需要几种技巧结合起来使用，总之需要多练习。

> **小练习**
>
> **如何更好地处理矛盾**
>
> a. 和孩子一起，列出几次他和朋友闹矛盾的经历，无论大小矛盾都可以。
>
> b. 听孩子说明，这些矛盾他当时是如何处理的，结果如何。
>
> c. 结合上面的处理技巧，给孩子提供更好的处理建议。
>
> d. 情境重现，扮演孩子的朋友，请孩子使用你建议的方式来处理之前列出的矛盾。

第四节　如何与老师相处

作为学生,和老师"搞好关系"非常重要。老师喜爱的学生,无形中会在学校的学习和活动中获得更多关照,不容易受到他人欺负。

其实和老师搞好关系往往比同龄人还简单,因为老师关注的事情主要体现在学习成绩、班级纪律、集体活动等方面,只要平时注意自己的言行,不要给老师添乱,就不会被老师讨厌。在此基础上,若能协助老师,那就更好了。我们可以观察到班级中最受老师欢迎的一般是这么几种人:一种是"学霸",一种是文艺骨干,一种是热心帮助管理班级、承担各种班级职务的学生。当然我们不需要做到全才,只需要用自己擅长的事情协助老师就可以了。

内向的人往往害怕在他人面前表现自己,喜欢默默地做事情,但是一个老师面对的学生实在太多了,我们需要提醒孩子,适当地表现自己才能让老师看到、熟悉,注意到你的优点。

当然,也需要注意不要成为同学眼中的"老师的小跟班",不要"拿着鸡毛当令箭",代表老师跟同学对着干,更加不能总向老师打小报告,这样即使获得老师的喜爱,也会被同学们反感,得不偿失。

第五节　如何应对老师的误解

万一老师因为种种原因已经对孩子产生了误解，或者形成了偏见，该怎么办呢？这是非常值得重视的事情。因为老师的态度既是孩子表现的反映，也会影响孩子在班级中的地位、在学校的表现，甚至影响孩子的自尊与自信。作为家长，要努力帮助孩子获得老师的认可。

我们要知道，老师对孩子的态度其实会受到老师对家长态度的影响。在其他条件相似的情况下，如果家长更加关注教育，积极与老师沟通，非常配合老师的教育工作，那么老师对孩子也会更加上心、更加放心。因为老师知道，这个孩子有着良好的家庭教育氛围，他不是一个人在承担教育孩子的责任，有家长一起来完成这个富有挑战的任务。至少，家长不会给他"找麻烦"，让他的辛苦付出事倍功半。老师最害怕的就是家长平时撒手不管，出了事情就责怪学校、责怪老师。更严重的是，有些家长蛮不讲理,无法沟通。例如,孩子和同学闹矛盾,这种家长就认为老师没有管理好班级纪律。老师想让闹了小矛盾的孩子继续做朋友,尽力去调解,家长却要到学校吵闹,或者背后让孩子冷落对方。这无疑大大增加了老师的工作难度!

所以,这里我给家长的建议就两点,非常简单,也非常关键:一是保持沟通,二是通情达理。"保持沟通"是指要经常和老师交流孩子的情况,至少在一些学校组织的家长交流活动中要多和老师沟通,让老师感受到家长对于孩子教育的重视,也及时了解孩子的情况,了解老师是否有需要家长配合的事情。如果您还没有和老师建立较好的沟通,建议尽快行动,这是一件需要"功夫在平时"的事情,不能临时抱佛脚。"通情达理"是指在和老师的沟通过程中,展示自己良好的"形象"。这里的形象不在于社会地位或文化水平,而在于态度积极、认真,教育理念务实、科学,处理事情理性、公平、尊重他人。家长若能做到这两点,那么对于孩子在老师心中的形象,既可以锦上添花,也可以雪中送炭。

态度的转变往往源于具体的事件。相信每位老师都会尽量对孩子一视同仁、尽力教育。老师对孩子产生误解或偏见,往往是因为发生了特别让他失望的事情。这时候,就需要家长及时、积极地与老师沟通来努力消解误会、扭转态度。

记得自己在初中时,因为学习比较好,一直受到老师的喜爱和照顾。但是有段时间,我和学校里的不良少年闹矛盾,同时期中考试成绩也下滑了,班主任就误认为我"学坏了",把我叫到办公室狠狠批评了一顿。作为一个不善言辞的"好学生",第一次被严厉批评,我也不知道怎么辩解,很担心老师会因此而对我有不好的印象。老师也把情况告诉了我父母,他们并没有简单地教训我一顿就结束,而是约了老师深入沟通,介绍了我在家里学习的情况、他们观察到的我的变化,以及他们绝对支持老师对我进行严厉管理的态度。这次沟通显然让老师了解了一些重要信息:我的父母很重视我的教育,他们支持老师的教育方式,我的学习态度没有发生大的变化——成绩下滑可能只是暂时的意外。这次沟通消除了老师对我"学坏了"的误解,也让我放下了自己变成老师眼里"坏学生"的担心,进而可以继续专心学习。在后面的期末考试中,我重新名列前茅,证明了自己没有"学坏"。

所以,如果孩子因为某件事情让老师特别失望,家长在和老师沟通中需要注意传达几条重要信息:自己对于孩子行为原因的分析、积极与老师合作教育好孩子的态度,以及针对这件事情自己将采取的行动。这样,老师就会对孩子的行为有更多的理解和宽容,也会对未来更加有信心,不会因为一个事件而影响他对孩子的整体态度。

第九章

无声的冲突——孩子在群体中被孤立怎么办

第一节　及时了解孩子的社交状态

孤立是霸凌的一个常见形式，被孤立是一种非常危险的信号，它既是更严重的霸凌的开始，本身对于孩子的身心健康也有极大的伤害。一些研究表明，孤立甚至是各种霸凌形式中，最容易导致孩子出现自杀倾向的行为。我们最好避免这种情况的出现，做好预防工作。

其实，预防被孤立的最好的方法，就是成为一个受欢迎的人。这好像是一句"正确的废话"，但它无疑传达了一个本书一直强调的原则，那就是，不要等到问题发生了才想办法解决，这就像直到生病了才开始关注自己的身体状况一样，或许已经有些晚了。我们不能等到孩子正在被孤立，或者即将面临被孤立的风险，才醒悟过来"原来孩子的社交出现了问题"。如何成为一个受欢迎的人，我们在此前和此后的章节中都会讲到，在这里就不重复说明了。这里我们介绍一下如何了解孩子的社交状态，以便家长更及时地知道孩子是否缺少朋友，是否存在被孤立的可能性，这样才可以更早地帮助他。

> **小练习**
>
> ### 你的孩子受欢迎吗？
>
> 试着了解孩子在同龄人群体中受欢迎的程度，可以用纸和笔，与孩子讨论和记录以下信息：
>
> - 让孩子用几个词语评价自己。
> - 让孩子说说同学和朋友是如何评价自己的。
> - 让孩子说出朋友的数量。
> - 让孩子根据上面的信息评估自己在班级里的受欢迎程度，从"很不受欢迎""比较不受欢迎""一般""比较受欢迎""很受欢迎"中，选择一个与自己最相符的。
>
> 注意：如果孩子年龄小，无法精准描述，那么可以对同一个问题的不同侧面进行询问，这样更有可能获得真实信息。

第二节 被孤立并不可怕,做一个值得交往的人就不怕没有朋友

如果孤立正在开始,或者已经形成,那么我们要怎么办呢?不要慌张,先分析一下孩子具体是因为什么被孤立的。常见的原因有以下几种:

原因一:群体包容性差

有些群体有很强的身份意识和排他性,他们对于成员的认可比较严格,只有满足了某种条件才会被认为是"自己人",否则很难被接受。例如一些亚文化小圈子,如果对于他们热爱的东西没有足够深入的研究和痴迷,就无法真正融入。其实,孩子们也经常自发地组成类似的小团体,关系好的几个人经常一起活动,一个班级可能分成几个这种小团体,如果孩子不属于其中的某个,或者即使属于也比较边缘,难免就会感觉被冷落和孤立。

原因二:和群体存在较大差异

几乎所有的群体都是因为"相似性"而凝聚起来的,同乡会因为相同的籍贯,亚文化圈子因为相同的爱好,甚至政治组织也是因为有相似的理想和理念。如果一个人和想要融入的群体差异较大,势必很难融入,即使对于"主题性"没那么强的群体也是如此。一个群体总有占主流的成员特征,借用互联网行业的说法叫"人群画像",例如你会发现学校里经常"男孩和男孩玩,女孩和女孩玩",或者几个比较内向的孩子走得比较近。如果孩子的"特征",比如性别、爱好、性格、学习成绩等和群体不一致,那么想融入还是比较困难的。

原因三:群体被某人带头挑唆

除了群体特征、个人与群体的相似性这种客观原因外,孤立也可能来自某些人的蓄意挑拨。在任何群体中都有组织者、领导者,也有喜欢搬弄是非的人。这些词看起来像是形容成年人,但是不要小看孩子们,小朋友的群体也是"麻雀虽小,五脏俱全"的,这些人对于群体是否接纳某人会起到至关重要的作用。我们可以回忆一下,自己在上学的时候是否遇到过,某个同学因为和班级中比较受欢迎的一个人闹矛盾,而导致大部分人都孤立他的情况？或者经常听到关于某个同学的不好的传言，最终导致大家都孤立他，而这些传言可能就来自那一两个人。

原因四：个体的某些特征与群体的主流价值观不符

在学校里，学习不好的孩子可能会被瞧不起；在足球队里，踢球不好的孩子可能会被冷落；在一群家庭条件普遍较好、追求消费的"孩子圈"里，家庭条件普通的孩子可能会被孤立……每个群体都有自己潜在的价值观，或者叫"团队成员评价标准"，如果孩子在群体的评价标准比较差，就可能导致被轻视和孤立。

作为家长，在孩子出现被孤立的烦恼之后，可以帮助孩子分析，问题究竟出在哪里，是群体的问题，还是孩子自身的问题。

如果确实不是孩子的问题，并且孩子也没有受到大群体的普遍排斥，仅仅是某些小群体表现得不那么友好，那么我们可以让孩子不必因为这件事情而纠结或苦恼。告诉孩子，我们不需要做个"人见人爱"的人，因为我们无法取悦所有人，更没有必要这样做；我们不需要尝试融入每个群体，而应该努力去寻找适合自己的群体。

如果是群体的问题，那么鼓励孩子去寻找其他群体，而不是强迫自己融入不适合的群体。并不是每个群体都有融入的价值，对于差异很大的群体，强行融入只有改变自己，这种改变既痛苦，又有可能是完全错误的，例如我们经常在美国的电影中看到这样一类青少年，他们内向、善良，在某些方面有特别突出的天赋——学习、艺术等，却因为无法融入那些"cool kids"（受欢迎的孩子）而烦恼，他们为了融入，甚至学着"cool kids"一样抽烟、喝酒、飙车、旷课，仿佛自己变得叛逆和特立独行就可以获得群体的认可，但是最终还是发现自己不是这样的人，即使融入了"cool kids"的群体，也无法获得真正的快乐和友谊。

青少年的人生观、价值观往往不成熟，自控能力也比较差，他们可能会把叛逆当作个性，认为做出出格的事情是值得炫耀的品质，进而形成这种"三观不正"的小群体，这种群体又往往因为"会来事"而在大群体中显得更加引人注目、受到欢迎。我们需要告诉孩子：远离这种群体，不要因为希望受到欢迎而靠近他们。

如果是孩子自己的问题，那么帮助孩子去改变，做更好的自己，又能收获更多友谊，一举两得。什么样的孩子容易被孤立呢？

过度敏感

这里的敏感是指我们生活中常说的敏感，即不要让孩子成为一个过度敏感的人，和过度敏感的人做朋友很累，一不小心就可能触碰到她脆弱、多疑的内心,轻则哭闹,重则断交,非得让人好好哄着才行,我想很少有人喜欢这种朋友。

自我中心

现在大部分小朋友都是家庭的中心,从小父母、爷爷、奶奶全家围着转,这种环境非常容易让孩子形成自己就是"这个世界的中心"的思维,从而变得有些自私、任性,不为他人考虑,也不懂得退让或分享。这是个已经被说了很多年的问题,希望家长们注意,对孩子的过度宠爱,无益于其成长为一个能在社会中与他人和谐相处的人。

急躁、易怒、顽皮

部分孩子确实存在一些不那么让人喜爱的行为,例如会欺负别人,容易和别人发生冲突,经常哭闹和生气等,虽然这些更像是对于外向孩子的描述,但是部分内向的孩子确实也可能存在这类问题,例如大家常说的"蔫儿坏"。当然我们不能说这是因为孩子本质上是"坏的",孩子的善恶观念还不健全,大部分情况下,低年龄的孩子并不是有意识地做坏事,有可能源自孩子好动的天性,也有一定的家长没有帮他们养成良好行为习惯的因素。这种孩子不仅不会受到欢迎,甚至会引起其他孩子和家长的反感。希望家长们注意，别把自己的孩子教育成"熊孩子"，别把他的不良行为习惯当作无所谓或者可爱。

过度冷漠

社交的关键在于"互动"，而冷漠的人往往会"反应不足"，这有点像偶像剧里常见的"冷面霸道总裁"角色，和他人相处总是一副面无表情的样子，无论快乐或是悲伤的场景，他都无法和身边的人产生情感上的共鸣，也从来不会表达自己对于他人的关心、喜爱等感情。这种人只可能在偶像剧中受欢迎，在现实生活中太难获得友谊了——在这样一个手机里的语音助手都可以和人对话、开玩笑的年代，谁会想和一个"木头人"交朋友呢？

如果没有以上问题，那么孩子就是一个"值得交"的朋友，总会有人和群体会因为孩子的善良、有趣、才艺而愿意与他为伴的，剩下的就是如何克服内心的焦虑、纠正错误认知、寻找合适的对象及锻炼社交技巧的问题了。

第十章

从点头之交到真正的朋友，如何加深已有的联结

第一节 对内向的孩子,获得挚友比扩大交友圈更重要

内向者更喜欢深入的交流,他们不喜欢过多的外界刺激,偏好稳定、熟悉、可预测,在友谊方面也是如此,相比不断认识新的朋友,内向者更希望和少数人建立深入的友谊。友谊的深度,也确实比广度更加有意义,更加难得。作为成年人,我们回顾自己的成长过程,遇到过上千人,和其中的上百人在当时可以称为"朋友",但是现在还在联系的真正的朋友恐怕数量不会很多。如果没有深入交流的朋友,即使"认识"的人再多,又有什么意义呢?就像古诗中说的一样,"酒逢知己饮,诗向会人吟;相识满天下,知心能几人?"

我们需要的是真正的朋友,是不会随着时间流逝而疏远的朋友,是可以给我们帮助、陪伴、情感支持的人。而深入的交流,是更深入的情感连接的基础,也是更持久的友谊的前提。我们

需要教会孩子如何与自己"投缘"的人建立深入的友谊,这将是孩子受益终身的技能。当然,并不是谁都值得深交或可以深交,这个我们在前面章节已经说过,在此不赘述。

社交关系的深浅,可以通过我们和对方讨论的事情范围、向对方表露多少自我来衡量:

点头之交:这种人在我们认识的人中是最多的,我们相互了解不多,只是认识而已,之前叫点头之交,可能现在叫"点赞之交"(指在朋友圈相互点赞的交情)更合适。我们和他们只会聊一些非常表面、公开的话题,例如天气、体育、影视作品等,基本不涉及任何个人生活。

一般朋友:这种人在我们生活中可能只有 150 个左右(邓巴数字,人类稳定的社交网络的大小),我们和这些人对彼此的生活有一定了解,可以聊一些比较"私人"的事情,比如家里发生了什么事情,最近有什么计划和想法之类的,但还是会有很多事情感觉没法跟对方说。

亲密挚友:这种人在每个人的生活中只有十几个甚至几个,我们基本上可以向他们完全敞开心扉,表露真实的自我。我们可以和他们分享快乐和烦恼,交流自己最深入的想法和思考。这类朋友对我们最宝贵,他们是陪伴我们时间最长的人,会在我们需要的时候提供帮助。

虽然说可以通过自我表露程度来衡量与朋友的亲密程度，但并不是随便找人倾诉烦恼、展示自己最真实的想法就能够加深关系的，而是需要遵循一定的规律。加深关系的方法有很多种，下面介绍其中几种：

曝光效应

根据曝光效应（mere-exposure effect），我们更容易对经常见到的人产生好感，所以如果想加深关系，可以经常相约出去玩、上学、放学、写作业等，只要多见面、多陪伴就可以，这算是最简单可操作的方法了。

社交渗透理论

根据社交渗透理论（social penetration theory），人们的社交关系、亲密感是慢慢建立起来的。在刚认识的时候，我们会说"破冰"等，即最初阶段主要是获得基本的了解，建立初步的关系。与刚认识的人，我们不会聊很私人的事情，不熟的人跑过来跟你聊感情问题，你一定会觉得很奇怪；我们会根据社交准则，聊聊家乡、美食、旅游、娱乐等无关痛痒的、"安全"的话题，随着关系的亲密，谈论的内容才会更加深入和私密。

互帮互助

困难是友谊的试金石,能够互相提供帮助的才能算是真正的朋友。在我们自己需要帮助的时候,要学会主动向朋友求助,不要碍于面子而不愿开口,这不仅不会给对方增加麻烦,还是增进感情的方法。当然前提是,在朋友需要的时候,你也可以主动提供帮助。

共同经历

共同经历是友谊的基础,通过两个人共同经历的多少,基本可以预测出他们的关系是否紧密。除了亲情以外的所有最紧密的关系,基本都是从共同经历发展出来的,同学、同事、战友等,这些都是以某个组织为基础产生的共同经历。也可以自己主动创造一些机会,最好是非日常的、带有一定挑战和新鲜感的,它们对于加深关系往往会有更好的效果。

案 例

有次闲聊的时候,我想了解女儿有没有很要好的朋友,便问她:"你在幼儿园最好的朋友是谁?"

女儿不假思索地说:"是小橙子和小宇。"看来女儿确实有很要好的朋友。

我想了解她是如何对待自己最好的朋友的,于是问:"你们一起玩的时间最多,是吗?"

女儿说:"是的,不过有时候也不会一起玩。有一次我和其他朋友一起做游戏,我不让小宇参加,她就生气了。"

或许女儿对最好的朋友还不够珍惜,我赶忙问:"为什么不让她参加呢?"

女儿说:"因为人已经够了,其他人不让她参加。"

我想借这个机会告诉她如何维护自己来之不易的友谊,便说:"既然她是你最好的朋友,你就要多和她在一起玩,对她要比对别的朋友更好。要是别人欺负她,你也要帮她,这才是最好的朋友,对吧?"

"嗯。"或许女儿还是没有理解。

我接着说:"好朋友应该经常见面,应该相互帮助,对不对?我们以后多约她一起去迪士尼吧。"

"好!我们一起去坐飞跃地平线。"女儿很高兴,迪士尼是她觉得最好玩的地方。

虽然这次沟通没能让女儿"深刻地认识到"好朋友的珍贵,以及如何更好地对待好朋友,但没关系,可以慢慢来,每次沟通都会产生一点积极的影响。

第二节 "深交"小技巧之"有来有往"
——增加互动频率

对于内向的孩子来说,建立深厚的友谊可能比扩展广泛的社交圈更为重要。通过增加与朋友的互动频率,孩子能够在熟悉和舒适的环境中逐渐打开自己,建立稳固的情感纽带。本节将深入探讨曝光效应这一心理学原理,并结合具体策略和实际操作建议,帮助内向的孩子通过有规律的互动,深化与朋友的关系。

> **小课堂**
>
> **曝光效应**
>
> 曝光效应是指个体对某一刺激(如人物、事物、声音、图像等)的熟悉程度增加,会导致其对该刺激的喜好程度也随之提升的心理现象。简而言之,人们往往会更喜欢他们熟悉的事物,即便这些事物最初只是被动接触过。

> 曝光效应最早由美国心理学家罗伯特·扎荣茨在20世纪60年代提出。罗伯特·扎荣茨做过这样一个实验:他向参加实验的人出示一些人的照片,让他们观看。有些照片出现了二十几次,有的出现十几次,而有的则只出现了一两次。之后,请看照片的人评价他们对照片的喜爱程度。结果发现,参加实验的人看到某张照片的次数越多,就越喜欢这张照片。他们更喜欢那些看过二十几次的熟悉照片,而不是只看过几次的新鲜照片。也就是说,看的次数增加了喜欢的程度。
>
> 而且曝光效应的作用是不依赖人对于事物的有意识加工处理的,即只需要看的次数多些,开始没有特别感觉的人和事物也会变得可爱起来。
>
> 不过需要提醒的是,也不是接触越多越好,曝光效应在接触次数达到某个适度水平时效果最大,过度的接触可能导致厌倦感(如亲密关系中的倦怠期、审美疲劳)。

我相信作为成年人,各位读者也一定有过这种感觉和经历:小时候,如果某段时间总是和那么几个朋友玩,就和他们的感情特别好;如果一段时间不见了,感情就会慢慢变淡。这就是曝光效应导致的。利用这个规律,增进友谊不再是难事,平时注意让孩子和某些朋友多见面就可能加深彼此印象,进而加深友谊。

第十章　从点头之交到真正的朋友，如何加深已有的联结

如何帮助孩子增加和朋友的互动呢？无非是动机和行为两个方面：

培养孩子的主动性

让孩子可以成为组织者，成为交往中更加主动的一方，这会让孩子在以后的社交中持续受益，毕竟懂得主动的人可以获得更多的机会，拥有更加丰富的人生。在生活中的各种场景下，都需要鼓励孩子的主动性，让他逐步形成"我可以通过自己的努力和争取，从他人和外界获得我需要的东西"这样的信念。例如当孩子想要买某个玩具的时候，让他尝试说服你才可以买；当孩子做错事情的时候，让他通过解释、说明来避免你的责罚；还可以给孩子创造需要和其他孩子协作的任务和环境，鼓励孩子通过说服朋友来实现自己的目标，比如邀请朋友到家里做客才可以吃蛋糕、炸鸡。

主动的时候有可能会被拒绝。内向的孩子比较敏感，可能会把拒绝当作对自己的否定，这也是为什么内向的人一般很少主动的原因。这时候要教会孩子正确理解他人的拒绝，不要把一次简单的拒绝太当回事，甚至当作对自己的不尊重。当孩子遭遇拒绝时，首先表达理解和支持，比如"我知道你现在可能有点失落"，然后可以强调孩子的积极行为，如"你邀请朋友的勇气

非常棒",在此基础上帮助孩子分析一下拒绝的多种可能原因,如朋友忙碌、计划冲突等。引导孩子将拒绝视为正常的社交现象,而不是对个人价值的否定。

组织活动

年龄比较小的孩子,可以由父母组织;年龄比较大的孩子,需要逐步培养孩子自己主动邀请、积极组织活动的能力。适合孩子和朋友一起参加的活动有很多,只要愿意,家长可以想到一堆,只是有时候担心麻烦,有时候害怕花费,所以不愿意去协助孩子组织。如果想让孩子真正发生改变,加深和朋友的关系,最好还是多创造孩子和朋友在一起的机会,活动有很多种,选择最适合自己的就行。等孩子比较大了,也可以放手让孩子自己规划,只需要给孩子充足的时间、空间,提供相应的条件,让孩子做好组织者、小主人即可,这样可以大大提升社交自我效能感,让孩子觉得自己"能够掌控社交"。

第三节 "深交"小技巧之"魅力缤纷"——相互展示生活的更多方面

前面提到社交渗透理论,深入的信息交换会加深感情,而衡量信息交换深度的就是自我表露(self-disclosure)。

> **小课堂**
>
> **自我表露:建立亲密关系的必要元素**
>
> 自我表露是指一个人向另一个人展示关于自己的信息,包括想法、感受、追求和梦想、成功或失败的经历、喜欢或厌恶的东西等。
>
> 自我表露在建立和维护深厚的人际关系中起着至关重要的作用,是建立深入、亲密关系的必要元素和必经过程,它可以帮助双方真正互相了解、理解,也可以带来更多信任感。其重要性体现在以下几个方面:
>
> a. 增强信任与亲密感:当一个人向另一个人分享个人信息时,表明对对方有一定程度的信任,这种信任是建立亲密关系的

基础。研究表明，自我表露能够显著提高人际关系中的信任感和亲密感。

b. 促进相互理解与支持：通过自我表露，个体能够更好地让他人理解自己的需求、情感和想法。这有助于建立更有效的沟通渠道，促进相互支持和帮助。

c. 促进情感表达与情绪调节：自我表露提供了一个表达情感的平台，有助于个体缓解压力，调节情绪，提高心理健康水平。

d. 加深关系的稳定性：频繁且适当的自我表露有助于巩固已有的关系，减少误解和冲突，提高关系的稳定性和持久性。

自我表露是一个渐进的过程，会逐步在深度和广度两个维度上发展。广度代表不同话题上的表露，深度代表表露信息的私密程度。一般的自我表露会从广度开始，因为相对来说比较容易分享。深度的自我表露往往不那么容易出现，因为它意味着需要向他人展示自己的弱点、缺点、恐惧、痛苦的回忆等。

自我表露是一个相互促进的过程，社交双方会对彼此自我表露的程度有自己的评估，并可能会因为对方的自我表露增加，而愿意展示更多自我。

人们在社交中的自我表露程度，是和关系的亲密度相关的，而且两者相互影响，亲密关系让人在表露时更少顾虑，更愿意展示自己真实的想法和情感，而恰当的"相互表露"（reciprocate disclosure）又能够推动关系更加亲密。由于不同性格、不同动机的人在社交中的自我表露积极性是不同的，因此最终还是需要双方在多次交互中相互适应对方的节奏。大家在这么多年的交友经历中一定都遇到过这种磨合阶段，也遇到过"自来熟"得让你尴尬的人，遇到过矜持得让你抓狂的人。

根据社会交换理论，"相互表露"的发生可能存在一方较为主动，但永远不是单方面的行为。如果仅仅一方非常积极表露，超出了另一方可以接受的范围，另一方没能做出积极回应，那么积极的一方会接收到这个信号并适当调整，而较不积极的一方也会去适应对方的节奏。

总之，如果我们想加深社交关系，可以作为自我表露中比较积极的一方，在现有的表露程度的基础上，逐渐地主动拓宽和加深自我表露的内容。不过，我们也要提醒孩子把控好尺度，并且分清对象，切勿"交浅言深"。毕竟自我表露其实也是一种"自我暴露"，如果面对的是不值得信任的人，那么相当于暴露了自己的隐私。

下面我们来介绍，如何让孩子学会更好地自我表露。

其实自我表露非常简单，没有太多的技巧需要学习，但是，对于内向的人来说，首先需要解决认知上的问题。很多内向的人不喜欢自我表露,不喜欢谈论自己的事情,可能是因为觉得谈论自己是一件尴尬的事情。他们原本就不喜欢把自己当作别人注意的对象,这会让他们感觉到更加紧张。我们需要先从认知上引导孩子打消类似的观念,让他们习惯谈论自己的想法和感受。对此,可以从以下几个方面入手:

让孩子学会理解和表达自己

首先,我们应该帮助孩子认识和理解自己的情感、想法和需求,这是有效自我表露的基础。其次,培养孩子的同理心,帮助他们理解和感受他人的情感和需求,促进更有针对性的交流。最后,引导孩子思考和表达自己的价值观和信念,增强自我认同感和自身表达能力。

让孩子关注到自我表露的好处

有可能很多人并不知道自我表露会给自己带来好处,本着多一事不如少一事的原则,就很少去谈论自己。我们可以使用正向反馈,来强化孩子的自我表露行为。当孩子分享自己的想法、感受的时候,我们可以表达自己的理解和肯定,同时,也可以用更加明显的奖励来鼓励孩子,例如当孩子表达自己的担忧时,花时间帮他把担忧的问题解决掉,让孩子明白对外的表达可以给自己带来理解、帮助等好处。

创造安全和支持的环境

对此,我们需要注意以下几方面:确保孩子感到被接纳和理解,避免评判和批评;当孩子出现紧张等不良情绪时,表现出对孩子感受的尊重和共情;尊重孩子的隐私,避免在公共场合或不适当的时间询问私人问题;维护家庭的稳定和一致性,减少冲突和混乱,给予孩子安全感。

鼓励开放的沟通

家长可以使用开放式问题引导孩子分享更多信息,而不是简单的"是"或"否"回答。例如可以问孩子:"今天学校里发生了什么有趣的事情?"之后认真倾听孩子的表达,避免打断或插话,给予孩子充分表达的机会。另外,在倾听过程中,通过眼神接触、点头、微笑等非语言信号,传达关注和理解。

以身作则,进行自我表露

家长可以通过分享自己的适当经历和感受,示范自我表露的方式和效果。例如,"今天我在工作上遇到了一个挑战,我感到有点压力……"通过自我表露,展示开放和诚实的沟通方式,鼓励孩子模仿和学习。

逐步深入表达

在合适的场景下,偶尔询问孩子一些比较深入的问题,注意,这里的深入不是"隐私",例如"有没有偷偷暗恋谁"之类的,这反而会让孩子更加警惕、逃避分享。深入是指涉及作为"人"的更本质的东西,相比表层的爱好、习惯等这些一望便知的东西,深入的问题是指理想、信念、人生观、对亲人和朋友的真实感情等。谈论这些问题,才是更深入的自我表露。多引导孩子谈论这些问题,可以让他们对这些问题"祛魅""脱敏",把谈论这些事情视为更加正常的行为,进而让他们更多地去思考这些有价值的东西。

第四节 "深交"小技巧之"万事有趣"
——让对话变得有趣

前面强调了交流"深度"的重要性和相关方法,其实广度也是必要的,推心置腹的深谈固然是推进关系的关键,日常有趣的闲聊也是必不可少的调剂。

很多人,尤其是内向者,往往会忽视闲聊的价值,觉得无聊、无意义、浪费时间,其实闲聊很多时候也能传递重要信息,况且深入的沟通往往需要合适的环境和较长的时间。还有,我们在日常生活中总不能就说解决实际问题的话吧?那就真变成一个毫无生活趣味的人了!

闲聊最怕的就是无趣,如何让闲聊变得有趣,也有很多技巧:

叙事技巧

描述一个故事、一段经历的时候,可以灵活使用倒叙、插叙等叙事技巧,让故事更加曲折,充满悬念,也可以使用设问,增加对方的参与感,千万不要按照最快传递信息的原则,干巴巴地按照时间或逻辑顺序描述。听过相声的人都会有感受,相声里的故事,如果换个普通人说一定不会多么有趣,而经过相声演员的加工,就会让人听得趣味横生。例如大师马三立的相声《家传秘方》,讲的是一个人身上总是痒痒,遇到一个摆摊卖秘方的人,买了秘方回到家打开一看,上面竟然只写着"挠挠"两个字。如果让普通人讲,这就是一个普通的小笑话,却让大师通过叙事技巧变成了经典。

表情和语气

在对话中,需要有丰富的表情和语气。在别人说话时,表情能够给对方反馈、肯定,让对方更加愿意继续;在自己说话时,丰富的语气和表情能够更加吸引听众,避免注意力分散。沉稳、端庄是优点,但是在朋友面前还是活泼一些比较好,毕竟没人想面对着一个缺少表情的人聊天。

加入幽默元素

培养幽默感很重要,聊天中不时表现出来的幽默,会增加不少趣味性。幽默感很难说得清楚,也没有什么练习的好方法,就像前两年综艺节目上一对博士夫妻发明的"公式相声"一样,硬要把幽默拆解开来反而会让人很尴尬。培养幽默感,只需要在家里营造一种轻松的氛围就行,孩子在家里说话没有太多顾忌,便可能变得幽默。

不同于深入沟通需要围绕一个话题,闲聊可以天马行空、天南海北地"扯"。通过话题之间的联想,可以快速分享各种自己觉得有趣的见闻,就像短视频一样,让谈话长久保持新鲜感。

最后,其实能让闲聊有趣的,最重要的还是自己的生活要丰富且有趣。

> **小练习**
>
> **如何把一件事说得特别有趣**
>
> 和孩子一起完成下面的练习:
>
> a. 创建话题卡片:和孩子一起准备一套"趣味话题卡片"。每张卡片上写一个有趣的话题、情境或关键词。例如:"如果你有一个魔法棒,你会做什么""讲一个你最喜欢的动物的有趣故事""假装你是一位宇航员,描述你在外太空的经历"最好是最近孩子特别感兴趣、特别熟悉的话题。
>
> b. 创建技巧卡片:将讲故事需要的技巧制作成卡片,例如设置悬念、融入幽默元素、添加奇特的幻想、结尾设置转折等,可以通过观察,总结孩子最缺乏的技巧后添加到卡片中。

c. 抽取卡片，开始讲故事：在孩子讲故事的时候，不要打断去提示，耐心倾听，用表情和语言表达兴趣，做一个"真实"的听众。

d. 点评和反馈：对孩子的技巧进行评论，可以围绕情节设计、表情、节奏、语气、和听众的互动等方面来进行。点评需要具体，包括做得好的和需要继续改进的，要让孩子形成"我挺擅长这件事情，不过有些可以改进的地方，之后我会做得更好"的心态。

建议每次练习控制在30分钟内，以保持孩子的专注力和兴趣。每周进行2~3次，逐步增加孩子在闲聊中的自信和趣味性。这种小练习可以非常随意，不一定非要在家里的安静环境下进行，很多碎片时间也可以进行。

第十一章

群居不倚,独处不惧——内向的孩子如何建立宁静、自信、快乐的人生

第一节 写作

写作非常适合内向者，它可以让人安静，深入思考，能够促进思绪的整理和情绪的表达。同时，学会写作会是一笔宝贵的财富，在学术和工作中都会获益匪浅。我在读研期间，导师对我考查的第一个项目就是写作能力，后来工作了，也需要大量的写作来推动工作——周报、调研报告、晋升材料等。

对内的写作——日记

"正经人谁写日记啊"，只是个网络流行"梗"，大家看看一乐就可以，千万不要对写日记产生负面看法。其实写日记是一件非常有益的事情，它对小学生到成年人都有很多好处，而对内向者尤其有价值。我们应该鼓励孩子写日记。

写日记可以提升心理健康。写日记是一种和自己对话的方式，它能够促使人们静下来整理思绪、发泄情绪、给自己鼓励，可以有效减轻焦虑,让人更加轻松、快乐。写日记也可以促进个人的沉淀和成长。通过日记进行反思、记录,可以记录自己的思考、想法,也可以纠正自己的错误。"吾日三省吾身",日记就是个很好的载体。

当然,写日记是非常私人的事情,这里要特别提醒家长要尊重孩子的隐私,即尊重孩子作为一个"人"的独立性。不要认为"小孩没有隐私",任何情况下,不要想着看孩子的日记。

> **小课堂**
>
> **写日记的好处**
>
> 在《哈佛大学公开课——幸福课》里,Tal(塔尔)教授介绍了一个针对日记的心理学研究。实验表明,每天花十几分钟写日记,可以有效提升人们的积极性,减少焦虑,让人变得更加乐观、快乐。同时,有写日记习惯的人会更少去医院。这说明写日记是一项对心理和身体健康都有益处的事情。

对外的写作

鼓励孩子将写作变成一个和世界、家人沟通的方式,有什么不方便当面说、感觉说不清楚的事情,可以用文字表达出来。

写作可以练习思考和表达能力,让书面、非书面的交流都更加从容。人的思考和表达能力都是需要锻炼的,而对于内向者来说,锻炼的机会比外向者要少一些。另外,内向者在对外表达的时候往往会因为紧张、不自信而发挥不好,那么更加需要经常练习。写作可以帮助孩子不断熟悉如何遣词造句,如何通过有逻辑的、组织良好的文字来说明一个事物或观点,这对于在社交场景中做到"清楚自己要说什么"非常重要。

并且,写作其实是一件非常快乐的事情,可以让人进入心流状态,写出一篇好文章,也是非常有成就感的事情。

> **小练习**
>
> **鼓励孩子写作的几个方法**
>
> - 给孩子买一个精致的日记本,或者手账本,鼓励孩子把心里话写下来。
> - 选择合适的网络平台,发表孩子的作品,给孩子看网友的点赞,给予孩子积极的反馈。
> - 引导孩子阅读经典文学作品,体会文字的艺术魅力。
> - 如果孩子有兴趣和天赋,可以报一个写作课外班,让他和同样喜欢写作的孩子一起交流,接受老师的专业指导。

第二节　珍贵的"心流"：请允许你的内向型孩子在宁静独处中体验幸福

"定力"的有无决定了一个人独自在家，是虚度光阴、惴惴不安，还是充实愉悦、健康有为。这种享受独处的能力，对一个高精神需求的人而言有多重要？可以不夸张地说，这是未来面对不确定的世界必备的技能，和水、阳光、食物一样，将成为人生质量的基本保障。

心理学家契克森·米哈伊把这种宁静而投入的状态称为心流(flow)，也有本土学者翻译成"福流"的。flow 的本意是"流水"，隐喻着这种心理状态就像流水一样，连续、平稳、有力、绵绵不绝。当一个人专注于一件自己所喜好的、有创造性的任务时，他会忘记时间的存在，仿佛与时空融为一体，并因此而感受到幸福和安宁。

> **小课堂**
>
> ### "心流"给人带来幸福
>
> 心流(flow)是指一种状态：人在做某件事情、完成某个任务的时候，全面地沉浸其中，精神高度集中，完全投入，并且在过程中感受到享受。
>
> 心流最初是由心理学家契克森·米哈伊在20世纪70年代提出的，是积极心理学中的重要概念。研究证明，心流状态不仅能够提升完成任务的效率，还能带来幸福感，让人更有满足感、成就感，更加自信、快乐。心流状态可以在体育运动、竞技游戏、工作和学习中体验到。
>
> 想要进入flow状态，需要满足一些条件，比较重要的是自身技能与任务难度的匹配程度：
>
> - 低技能水平和低任务难度，则会产生冷漠，这就是为什么很多人开始练习一样技能的时候并不愿意从基本功开始(拍球、画圆圈等)，因为没有挑战就没有兴趣；
> - 中等技能水平和低任务难度，则会产生无聊感；
> - 高技能水平和低任务难度，则会产生放松；
> - 低技能水平和高任务难度，则会产生焦虑，想象一下生存难度的游戏总是过不了关的感觉吧；
> - 高技能水平和高任务难度，才会产生心流。

> 想要创造心流状态,除了技能和任务难度的匹配,还有以下几点需要注意:
>
> - 明确的目标。之所以电子游戏非常容易创造出心流体验,也是因为每个游戏中都设置了非常明确的目标,有了目标,人们就更加能够专心。
>
> - 任务分解。仍以游戏为例,任务的分解能够减少因不知下一步该如何做而产生的游离。
>
> - 反馈。及时的反馈也很重要,能够减少不确定性带来的焦虑,让人保持心流。这一点游戏做得也很好。
>
> - 清晰的规则,适当减少选择空间。选择是好的,但是很多时候过多的选择会让人分心。
>
> 契克森·米哈伊教授的书《当下的幸福,我们并非不快乐》,详细说明了他对心流的研究,介绍了如何在学习、工作和生活中增加心流状态,如果希望了解更多,可以阅读此书。

孔子曾说:"发愤忘食,乐以忘忧,不知老之将至云尔。"形容的就是这种持续专注的、自得其乐的美好。如同安静的幽兰,芬芳令人愉悦,却不是为了受人瞩目,而是为了找到自己的一隅之地,可以更好地盛开。我们都听过一些名人"犯糊涂"的轶事,诸如牛顿煮怀表,作家误把墨汁当作糖水蘸着吃等的故事,其实都是主人公进入"心流"状态的表现。

一个孩子能否抵御各种来自自身和外部的诱惑、干扰,坚持学习,并学有所获,其中一个至关重要的影响因素,就在于能否在学习过程中获得心流的体验。首都师范大学心理学学者曾经特别就青少年学习中的心流体验进行过研究,称之为"学习沉醉感"的研究。他们提出,拥有"学习沉醉感"主要表现在以下四个方面:

- 学习目标清晰:这些孩子清楚地知道自己为什么而学习。
- 过程愉悦满足:在学习过程中体验到的愉快是多于痛苦的。
- 自我意识减弱:这些孩子没有那么在意别人对自己的看法。换言之,他们并不很担心考试的结果,以及别人会怎么看自己等。
- 时间感知扭曲:专注中不觉时间的流逝。

这项研究的结果显示,随着青少年年级的增长,整体的沉醉感得分下降。也就是说,年级越往上,能够保持一颗"初心",享受学习过程本身的孩子变得越来越稀少,这种状态也越来越珍贵了。想要保持心流状态,适当的任务难度很重要。过难和过于简单的任务,都会让人难以沉浸。有些孩子因为各种原因,难以适应课业难度要求,产生厌倦或者焦虑的情绪,想要放弃,这时,家长的支持、帮助、引导将成为孩子成长路上的关键力量。

所以，亲爱的家长，当你的孩子表现出对某件事情入迷时，不论是收集贴纸，还是看蚂蚁和昆虫，请意识到，这种"沉醉"是一种能力、一种宝贵的积极心理品质。内向的孩子在这方面往往具有禀赋，这也和智力开发、语言培养一样，需要被看见，被呵护，是一座值得开发的"宝藏"。

案 例

今天的数学作业又难又多。小林做了几题，实在觉得头昏脑涨，再加上这几天网课效率都不太理想，越想越烦，干脆把笔一丢，嘟囔着要"摆烂"不想做了。

爸爸老林试着教育她："你再坚持一下，坚持就是胜利。学数学是不进则退的，你不跟上学校的节奏，要是脱节了怎么办？"

小林嘴里"嗯"了一声，却不行动，默默地画起画来。（当孩子在学习上因为困难而却步时，讲道理、引出危机感这些"外部驱动"的方法通常很难有效）

老林默默克制住了进一步劝说教育的冲动。他隐隐感觉到，孩子在用自己的方式"治愈"自己。他选择先不去打扰。

不一会儿，小林的画画完了。老林凑上去看，画面上是一只蝴蝶。蝴蝶翅膀饰有精美的花纹。

老林饶有兴趣地问道："这蝴蝶的花纹可真漂亮，这么繁复的纹样，你怎么画出来的？"（"你是怎么做到的"这个问题是很好

地激发自我效能感的问句)

小林说起自己的作品,话也多了起来:"其实没那么难,复杂的图案可以拆解成简单的形状。一开始练好线条和形状,只要慢慢分解、组合,再修饰,怎么都能画出来。"

"原来如此!看来只要打好基础,有足够的耐心去一点点提高,什么难事都做得成。你这孩子就是做事特别专注,这点最棒了!"老林笑眯眯地说。

小林笑了,聪明地"看穿"了爸爸的意思。"我知道,数学也是可以耐下心来一点点去弄懂的。可是我不会的太多了,时间肯定来不及,数学作业明天要交啊,空着太丢脸了。"

"嗯,一天时间想要弄明白全部问题是有点难。不过我记得,你之前画画磨基本功也费了好大劲,但多亏那时候努力,现在才可以画得那么开心。如果数学的基础打牢了,就算明天的作业没办法那么完美,将来你做数学题的心情也会好很多吧?"

"有道理!"于是小林打开电脑,开始查起了"因式分解的基本原理"。

老林巧妙地在孩子的"定力余额"告急时,及时、有效地续了一把力。

第三节　给孩子敢于做自己的勇气

当你读到这里时,想必已经同意,社交对于内向的孩子来说,并不见得是一件难事。为了回应许多家长迫切关注的问题,譬如"怎么让我家的内向孩子交到朋友,不再孤僻""怎么让我家的'闷葫芦'更愿意开口",书中介绍了很多适应技巧、理念和训练方法,但写到本书的末尾,我们希望稍稍"打住"一下,回到根本上来:一切的技巧,都必须建立在对孩子理解和爱的基础上,否则就是无源之水,无根之花。

亲爱的家长,请理解:尽管社交对每个人都很重要,一个内向的人,终究是喜爱独处的,而独处的时光是有价值的。我们鼓励孩子学习积极社交,并不是要改变他的个性。恰恰相反,我们可以告诉孩子:"学会更好地和别人打交道,这样可以给自己争取到更多的支持和理解,可以帮你保护自己独处的空间,不再被误解和伤害困扰。"对内向型孩子来说,掌握恰如其分的社交,意义之一就是可以为自己赢得从容、宁静、自在。

在纪录片《零零后》中,有一个叫"一一"的孩子。她从三岁进幼儿园小班起,就喜欢自己一个人玩,"不合群"的表现让老师们很是担忧。但不论老师怎么努力引导教育,一一依然我行我素,三岁的她甚至还说出"我就喜欢一个人玩,每个人都有自己的权利"这样的话来。

好在一一有一位耐心开明的母亲,她尊重孩子的天性,并没有横加干涉。纪录片追踪了长大后的一一,内向的她并没有如人们担心的那样变得孤僻怪异。她交到了好朋友,能够很好地和朋友交流分享自己的生活,但她依然坚持保留着自己一个人读书,做自己喜欢的事的时间。她很喜欢这样的生活。

像一一这样的孩子,有着契克森·米哈伊所说的"自主能动"人格(autotelic personality)。如果说想要享受心流的幸福感也需要一定"天赋"的话,这就是天赋。根据米哈伊的研究结果,那些具有"自主能动"人格的人,更可能在自己的学习、工作、休闲等活动中收获到心流的体验。

这种"自主能动"的人格包括以下特点:

- 自我意识少。也就是说,不那么在意别人怎么看待自己。
- 以目标和成就为导向。乐于迎接挑战,善于协调自身的资源应对挑战。

- 更强的责任心,更稳定的情绪。能够勇于独立做出选择,并为自己的选择负责。

这些性格特质,当然离不开家庭的培养。一个有利于塑造"自主能动"人格的家庭氛围是这样的:孩子感觉得到父母的在乎,父母对孩子做的事感兴趣(而不是只专注于父母自己的期待);父母信任孩子,允许孩子对各种各样的可能性广泛地探索和选择,并在孩子面临挑战时,给予他们肯定和鼓励。这样的家庭教育出来的孩子,往往敢于、善于维护自己的边界。不论是内向还是外向的性格,都需要这样的勇气,才能为自己赢得一个充分发挥潜能的空间。

第四节　打造高质量的沉浸

尽管"心流"有着那么重要的作用,但并不是孩子所有的"沉迷"状态都能被家长认同。如果你的孩子沉迷于手机或者电子游戏,你会有什么样的感觉?抑或,当孩子面临迫在眉睫的考试还沉迷于各种各样的爱好时,你又会有怎样的感觉?

担心?焦躁?矛盾?这些感受都很正常。的确,在享受心流体验的同时,有些沉迷可能带来对身心健康的危害。那么,我们是应该淡定地做"开明爸爸/妈妈",允许这种放荡"洒脱爱自由",还是要积极阻断这种"沉浸"呢?这并不是一个简单的"是或不是"就可以回答的问题。

来看这样两个例子:

案　例

文文从小喜欢玩积木,搭模型。十五岁那年,她开始喜欢玩一种叫"我的世界"的游戏。在这个游戏中,孩子用小方块组成人、房子、车,还有各种各样的景观,进而创造属于自己的世界。有时文文不知不觉就会玩上很久,妈妈担心这种爱好会不会占据她太多的时间,会不会挤占掉她用来学习、在真实世界和人交往的精力。不过,妈妈没有急于去阻止或者干预。慢慢地,文文认识了一些一起玩"我的世界"的朋友。意外的是,她还开始对化学产生了兴趣。她说:"原子组成分子,分子再构成各种各样的东西,和积木的原理很像。学习分子结构就像在微观世界'拼积木'一样让人着迷。"

十五岁的云云同样也有自己入迷的游戏,是某一款"抽卡"游戏。玩家要攒够一定的道具,甚至需要"氪金",才能换来抽卡的机会。抽卡的概率是设定好的,抽到"高级卡牌"的概率很小,只有不到2%,所以就算费了很多时间攒到十连抽,抽出来的也大部分都是"普卡"。每次抽卡结果出来的那一瞬间,都让人兴奋又紧张,游戏系统还时不时会推出新的卡片,花样百出。不过能不能抽到心仪卡片,主要还是看运气。云云越来越欲罢不能,渐渐地原来喜欢的下棋、篮球也不玩了,有几次甚至耽误了写作业。

同样是"沉迷",却有着不一样的质量。沉迷本身不是问题,但沉迷的内容"品质"高低却实实在在是一个问题。同样是游戏,一些孩子通过游戏获得了专注力、自控力的锻炼,另一些却恰恰相反。只要稍加观察，不难发现你的孩子在游戏过程中是变得更有耐心，还是更加难以忍受延迟满足了，这往往可以体现出专注的质量。

那些"抽卡""氪金"类电子游戏的设计，让孩子过于容易获得多巴胺带来的快感，尤其那些带有"博概率"性质的游戏，概率的设定让人渐渐成瘾。如果这些孩子本身在社交、学习这些活动中没有好的体验，就更容易有畏难情绪。在现实生活中，他们可能会变得越来越退缩，越来越回避那些有挑战性的活动，陷入"沉迷—回避挑战—受挫—沉迷"的危险循环中。一些孩子甚至开始恐惧社交，拒绝上学。

我们务必需要理解的是，这些糟糕后果并不是孩子的性格导致。如果你的孩子是内向型，又恰好遭遇这种困惑，请不要因为担忧而责骂、贬斥孩子的性格。不被接纳的感觉可能会让孩子更加退缩和回避现实。要防止孩子陷入低质量沉迷，最有效的方式是在最初就注意孩子成长的环境，不让孩子过早接触电子产品；同时，父母以身作则地树立高质量沉浸的榜样。音乐、艺术、文学固然很好，但并不一定非得是"高大上"的活动，任何积极向上、有创造性的事情都是很好的示范。

如果孩子已经陷入不良沉迷，也不必慌乱，智慧的应对是很重要的。试图要求孩子"不要再做××事了"，通常效果不是很理想。相较而言,比较有效的一个方式是培养一个新的习惯,用相对健康的活动帮助孩子转移注意。心理学家把这种现象称为"白熊效应"——如果告诉你,"千万不要去想一头白熊",大脑是无法做到这个指令的,一头白熊一定会活灵活现地浮现在你的脑海里,甚至多半还会附带上北极的冰块和海面。总之,抑制大脑已经形成的自动化反应是很难的,但我们的神经系统可以通过不断重复积极正向的体验而得到重塑。

当然,如果孩子的行为问题已经非常明显,严重影响正常的学习和生活了,还是要及时寻求专业青少年心理咨询的帮助。

结 语

在这本书的旅程中,我们共同探索了内向孩子在社交领域所面临的独特挑战,以及作为家长如何更有效、科学地支持他们的成长:

理解与接纳是整个过程的基础。内向并不是一种缺陷,而是一种与生俱来的性格特质,甚至可以是一种优势。通过本书,您已经学会了如何识别孩子的内向性格,理解他们在高压力社交场合中的表现,并认识到内向孩子渴望的是深度而非广泛的人际联结。这种理解可以帮助您以更加包容和尊重的态度面对孩子的需求,进而营造一个让他们感到安全和被接纳的成长环境。

逐步引导与实践至关重要。从建立自我认知与接纳,到逐步暴露于社交情境,再到破冰与深化人际关系,每一个步骤都是

结 语

为了帮助孩子在自己的节奏下,逐步提升社交能力。您学会了通过设定具体目标、提供积极反馈以及教授实用的社交技巧帮助孩子建立自信,进而让他们逐步学会社交和享受社交。

情绪管理与应对策略可以帮助孩子处理社交中的紧张与焦虑情绪。通过认知调整和学习深呼吸等放松技巧,孩子能够在面对高压力的社交场合时保持冷静,增强自身情绪调节能力。此外,您还学会了如何引导孩子在冲突中保持平和而坚定的态度,在此基础上积极主动地解决问题。

建立深厚的人际关系是内向孩子社交发展的关键。通过帮孩子找到适合自己的择友标准,鼓励他们与具有相似兴趣和价值观的朋友建立深厚的联系。孩子在高质量的人际互动中更容易获得满足感和支持感,这不仅可以提升他们的社交满意度,也为他们的心理健康奠定了坚实的基础。

能够选择这本书,说明您很关心自己的孩子,能够坚持读完,更证明了您对孩子的爱,您是一个很好的家长!希望本书提供的理论与实践方法能够在您和孩子的互动中发挥积极作用,帮助孩子在宁静中发现自我,在深度联结中体验幸福,最终成长为一个自信、快乐、充实的人。您在阅读这本书的过程中可能也会感受到,这其实是一段父母和孩子共同成长的过程,能够和孩子一起发现更好的自己,这才是最好的亲子关系吧!